伊敏河畔
The Yimin River Bank

伊敏河汇入海拉尔河处（由西北往东南）
Junction of the Yimin River and Hailar River
(From Northwest to Southeast)

海拉尔河
The Hailar River

海拉尔河畔
The Hailar River Bank

海拉尔河
The Hailar River

海拉尔河

是额尔古纳河上源。《辽史》中称之为凯里，《蒙古秘史》称之为合泐里，《元史》称之为海喇儿，《盛京通志》称之为开拉河，《黑龙江外纪》称之为海兰儿、凯拉。自大兴安岭西侧的吉利牙山西麓的发源地直至满洲里东侧阿巴盖图伊，长约1430公里，河水清澈，流域面积为5.45万平方公里。

海拉尔河流域状似扇形，河网多集中在东部，主要支流有库里多尔河、牧羊河、莫尔格勒河、免渡河、伊敏河等。大部分的支流都发源于大兴安岭西坡，那里多为原始林区和次生林区，林木繁茂，水分涵养好，水量充沛，地形起伏较大。

海拉尔河流域是辽、金、蒙元、清各时代北方各个民族生息、繁衍、发展、壮大的摇篮，许多民族都是从这里出发走上中国历史舞台。

海拉尔河源出大兴安岭北段的吉利牙（吉勒奇特）山西麓，蜿蜒西流，于满洲里东侧阿巴盖图伊附近折向东北，汇入额尔古纳河主干。南来的伊敏河汇入海拉尔河中游，两河交汇处的草原地带孕育了当地悠久的历史文化，海拉尔区就坐落在这个草原地带上。

Hailar River originates from the west foot of Jiliya Mountain, the north section of the Greater Khingan Mountains. It meanders westward, then bends northeastward near Abagaituyi Town, the east of Manchuria City, and joins the main stream of Ergun River. Yimin River from the south flows into midstream of Hailar River. The grassland at the junction of the two rivers nourished local history and culture.

牙克石市

哈克遗址第二地点

哈克遗址第四地点

哈克遗址第一地点

遗址第五地点

鄂 温 克 族 自 治 旗

0　　　　　　　　　　10千米

沙坑中，暴露一座新石器时代墓葬，肢骨大多散失，头骨埋在距地表约0.3米深的沙土中，保存尚好，出土百余件细石器。哈克遗址三号出土点是一座墓葬，位于哈克村东约150米的平地上，在近50平方米的范围内采集、清理出大量石器、玉器、陶器、骨器、牙器和人骨，还出土了陶片和彩陶片。哈克—团结遗址出土的彩陶在呼伦贝尔是首次发现，也是我国新石器时代彩陶分布最北部的一个地点。哈克—团结遗址共出土了8件玉器，其中玉斧2件、玉璧3件，以及两端刃玉锛、玉环、玉珠各1件。玉斧和玉锛的刃部均无明显使用痕迹，可能属于礼器。

新石器时代，以哈克遗址出土的三角形石镞为标准器物，代表着细石器发展到顶峰时期，时间为距今7000~4000年之间的呼伦贝尔地区考古学文化。石镞外形发展顺序应为柳叶形→桃形→三角形→四棱形，在桃形石镞基础上形成了更高的加工技术，生产出三角形凹底石镞。最具代表性遗址应为哈克遗址，并包括了这一地区曾经发现的200多处细石器遗址中的绝大多数。因此，将这一时期的考古学文化称之为哈克文化[6]。

1984年，在海拉尔松山以西，滨洲铁路北侧，东距海拉尔市区约4.5公里处，发现一件大型陶鬲，高28厘米，最大口径31厘米，腹径27厘米，裆高10厘米。腹壁较直呈桶状，乳袋状足较高[7]。该陶鬲的年代在商代到西周早中期之间。

呼伦贝尔团结鲜卑墓群遗址为拓跋鲜卑走出大兴安岭南迁时留下的遗存。团结墓地遗存位于哈克镇团结村西约0.5公里处的海拉尔河南岸台地上，北距海拉尔河约0.8公里，南距301国道约2公里。该墓地经过发掘，已发现7座墓葬，均为土坑竖穴墓，无葬具，墓室平面呈长方形，均为单人葬。随葬品均为生活用品和装饰品，以陶器为主，部分墓葬中出有铁器，殉牲现象较普遍。这些葬俗与呼伦贝尔地区鲜卑墓地的土坑竖穴墓基本相同。从团结墓地的墓葬形制和文化内涵来分析，该墓地上限约为东汉中晚期。这一发现为拓跋鲜卑的研究增添了新的实物资料。2006年9月4日，该墓地被批准为内蒙古自治区第四批文物保护单位。

海拉尔谢尔塔拉墓地的发掘，是呼伦贝尔草原游牧民族考古的一项重要收获。谢尔塔拉，是蒙语"金色草原"的意思。每到七月，遍野的黄花菜竞相开放，很是壮观，由此而得名。墓地位于内蒙古呼伦贝尔市海拉尔区谢尔塔拉镇东约5公里的台地上，西南距海拉尔市区约15公里，南距海拉尔河2公里。

[6] 赵越主编：《古代呼伦贝尔》，呼伦贝尔：内蒙古文化出版社，2004年，页33。

[7] 王成：《内蒙古海拉尔西山发现大型陶鬲》，《北方文物》1998年第2期，页10。

谢尔塔拉墓地1998年首次发掘，共清理出10座墓葬，出土金、银、铜、铁、陶、木、桦树皮器等各类文物，其中不仅有大木弓、铁镞、桦树皮马鞍、玻璃球等百余件文物，还有保存较为完好的10具尸骨。经人种学家鉴定，这些墓主属于北亚蒙古人种，属于公元9～10世纪的室韦墓葬，对蒙古族源研究有重要价值[8]。

2013年8~10月，由中国社会科学院考古研究所、内蒙古自治区文物考古研究所、呼伦贝尔民族博物院组成呼伦贝尔联合考古队，王巍所长、塔拉院长担任总领队，对海拉尔区谢尔塔拉墓地进行第二次正式考古发掘，同时对陈巴尔虎旗岗嘎墓地进行抢救性发掘，取得推进蒙古族源研究的重要考古成果。此次谢尔塔拉墓地发掘新发现3座保存完整的墓葬。在发掘过程中，将墓葬发掘到棺盖板后，由文化遗产保护专家亲临现场，采用套箱方式将墓葬整取，运回呼伦贝尔民族博物院，开展实验室考古。其重要性有两点：一是在开展实验室考古的过程中，最大限度获取考古信息资料，包括各类检测样品的提取以及拍摄完整发掘过程的影像资料；二是利用现代科技手段对木质葬具和出土文物进行科学有效保护，为深入研究和博物馆展示奠定基础[9]。需要强调的是，此次在陈巴尔虎草原岗嘎墓地发掘清理出6座墓葬，均以独木棺为葬具，出土桦树皮箭囊、木杆铁镞、铜耳饰等一批珍贵文物，初步推断其年代约为公元7～8世纪。经钻探，该墓地还分布有多座同类墓葬。这是呼伦贝尔草原迄今所发现的规模最大的以独木棺为葬具的古墓群[10]。

史载蒙古皇族用独木棺作葬具。《元史》卷七九《祭祀志》说："凡宫车晏驾，棺用香楠木，中分为二，刳肖人形，其广狭长短，仅足容身而已。"[11]明人叶子奇《草木子》记述"元朝官裹，用梡木二片，凿空其中，类人形小大合为棺。置遗体其中，加髹漆毕，则以黄金为圈，三圈定，送至其直北园寝之地深埋之。"[12]

谢尔塔拉文化代表了公元7～10世纪活动在呼伦贝尔草原的室韦人遗存。体质人类学的研究结果表明，谢尔塔拉人群在颅面类型上与现代蒙古人最接近，基本属于蒙古人种北亚类型。谢尔塔拉文化的发现，为研究室韦的历史以及探索蒙古族的起源提供了科学的考古实证资料，对于构建呼伦贝尔草原古代游牧民族考古学文化体系，推动中国东北边疆地区考古与历史研究均具有重要意义。

谢尔塔拉墓地和岗嘎墓地，对于探寻蒙古族源具有里程碑式意义。

[8] 中国社会科学院考古研究所、呼伦贝尔民族博物馆、海拉尔区文物管理所：《海拉尔谢尔塔拉墓地》，北京：科学出版社，2006年。

[9] 刘国祥、白劲松：《蒙古族源考古新进展——2013年度谢尔塔拉墓地与岗嘎墓地发掘收获》，http://www.kaogu.cn/html/cn/xueshuhuodongzixun/2013nianduzhongguobianjiangkaoguluntan/2013/1224/44825.html。

[10] 呼伦贝尔联合考古队：《内蒙古陈巴尔虎旗岗嘎墓地》，《考古》2015年第7期，页75—86。

[11] 〔明〕宋濂等：《元史》，北京：中华书局，1976年，页1925。

[12] 〔明〕叶子奇撰《草木子》，北京：中华书局，1959年，页60。

SUMMARY OF ETHNIC CULTURAL RELICS AND ARCHAEOLOGY IN HAILAR DISTRICT

LIU GUOXIANG
BAI JINSONG
SHEN RUIWEN

Hailar District is located in the northeast of Inner Mongolia Autonomous Region, the middle to the southwest of Hulunbuir City, the junction of the Greater Khingan Mountains and Mongolian Plateau, which is also the combining area of the foothills of the Greater Khingan Mountains and the eastern edge of the Hulunbuir High Plain. It is the confluence reaches of Hailar River and Yimin River, and the heartland of the Hulunbuir Grassland — Hailar inland rifted basin. Its geographical coordinates lie between east longitude 119°28′ ~ 120°34′ , and north latitude 49°06′ ~ 49°28′ . The meander boundary of Hailar District is 77 kilometers from east to west and 40 kilometers from north to south. Its eastern and southern borders with Ewenki Autonomous Banner, and the western and northern borders with Chen Barag Banner. The shortest distance from Russian is 110 kilometers, and the shortest distance from the People's Republic of Mongolia is 160 kilometers. Its total area is 1319.8 square kilometers, accounting for 0.53% of the total area of Hulunbuir City, of which the urban area is 28 square kilometers, accounting for 2.12% of Hailar District.

The main rivers running through Hailar are Hailar River and Yimin River. Hailar District lies in this grassland.The surface area of Hailar River and Yimin River is over 1900 square kilometers. The interannual variation in runoff is modest and close to the average in most of the years. The annual variation of river runoff is not obvious with frequent alternation in the rich, average and dry period, showing a periodic change in 10 to 24 years.

There are various types of landforms in Hailar. The terrain is high in the east and low in the west. The altitude is between 603 meters and 743 meters, with a relative height difference of more than 170 meters and an average altitude of 612.9 meters. Hailar is the temperate semi - humid semi - arid continental monsoon climate. The spring is windy and less rainy with a large amount of evaporation. The summer is cool and short with concentrated precipitation. The autumn is cooling fast, frosty early. The winter is severe cold and long, and snow lay thick on the ground lasts a long time.

Hailar District is a multi-ethnic community. There are 28 ethnic groups in this region. Han ethnic group accounts for 77.5% of the total population. Other ethnic minorities including Mongolian, Hui and Manchu, account for 22.5% of the total population.

Hailar was established in the Qing Dynasty in 1732 and built as Hulunbuir City in 1734. So far, it has been built for more than 280 years. It was the seat of Hulunbuir government in the Qing

Dynasty. It was set as Hulun County to govern the Han ethnic affairs in the Republic of China period in 1920. During the period when Northeast China occupied by Japanese, it belonged to the Xing'anbei province of Manchukuo, and was set as Hailar City in accordance with the order No. 89 in 1940. It became Hailar District in January 2002.

During the third National Survey on Cultural Heritage, 55 immovable cultural heritages were investigated in Hailar District. Among them, there were 15 ancient ruins, 3 ancient tombs, 37 important modern historical sites and representative buildings. Specifically, 16 immovable cultural heritages were reexamined, including 3 ancient sites, 1 ancient tomb and 12 important modern historical sites and representative buildings. 39 immovable cultural heritages were discovered, including 12 ancient sites, 2 ancient tombs and 25 important modern historical sites and representative buildings.

Studies on the origin of microliths have not been conclusive. Hulunbuir Prairie microlithic industry was highly developed. Understanding the relationship of microliths between Hulunbuir Prairie and late Paleolithic North China and Siberia, may provide a basis for solving this academic problem.

Hulunbuir borders Siberia Russia and the People's Republic of Mongolia. With its special geographic location, Hulunbuir microliths research has become a significant international topic. As early as the 1920s to 1930s, it attracted the attention of foreign scholars. Chinese archaeologists such as Tong ZhuChen[1], An Zhimin[2], Wang Yuping[3] and Gai Shanlin also visited here many times[4]. The investigation, excavation and research still continue today. The Hailar Xishan site and Hake site have been the focus of academic attention for a long time.

The Hailar Xishan (Songshan) site is located 500 meters west away from the Xishan 54 Launch Tower in Hailar District. In August 1962, Mr. An Zhimin investigated and named it. This site is about 3 kilometers long and 1 kilometer wide including 25 site points. Lithic cores, flakes, blades, scrapers, white ceramic sherds and damaged iron artifacts fragments were collected. In July 2009, the group of the third National Survey on Cultural Heritage collected microliths, pottery pieces and bone artifacts in a sand pit with an area of about 20,000 square meters, then they determined that the sand pit was a microlithic site point.

The Hake site, located on the second platform of Hailar River Valley, is about 10 square kilometers. It is named after Hake town in Hailar, where Neolithic ancient ruins and tombs represented by microliths were discovered. The site was built in 6000~4000 years ago and represented by rich tombs, exquisite jade artifacts, microliths, pottery, bows and arrows.

Since 1985, it was found ruins and tombs with microlithics belonging to the Neolithic period in group one Tuanjie Village 3 kilometers northwest of Hake town, Tuanjie Primary School and 150 meters east of Xincun, which drawn broad attention of domestic archaeology. In October 1999, the Inner

[1] Tong Zhuchen, "Microlithics and related cultures in north and northeast of China", *ACTA Archaeologica Sinica*, (4)1979, pp.403-422.

[2] An Zhimin, "Mesolithic remains in Hailar and the origin and tradition of microlithics", *ACTA Archaeologica Sinica*, (3)1978, pp.289-316.

[3] Wang Yuping, "Found microlithics culture site in Hailar City of Inner Mongolia", *Archaeology Newsletter*, (3)1956, p.54.

[4] Brief academic history refers to Cheng Daohong, *History of Hulunbuir*, Hulunbuir, Inner Mongolia Culture Press, 2010, pp.38-39.

Mongolia work team of the Institute of Archaeology of the Chinese Academy of Social Sciences and Hulunbuir League Ethnic Museum conducted a formal investigation and excavation in the Tuanjie Village site of Hake Town[5].

In 2004, the Hake site was announced as a Historical and Cultural Sites Protected at the Level of Hulunbuir City. In 2006, it was upgraded to the Level of Inner Mongolia Autonomous Region.

The Hake Site No.1 is located in Group One Hake Village Hake Town. The remains including stone arrowheads, flakes, blades, cores, as well as pottery sherds, scattered on the surface of the site. From 2003 to 2004, the site was investigated and excavated with 2154 pieces artifacts being unearthed, as well as remains of the Liao Dynasty. In the Neolithic cultural layer, two tombs and one habitation site were found which was the first discovery of "cellar" remain from more than 5000 years ago. The Hake Site No.2 is located in the wind erosion sand pit in the southeast 1800 meters of the Tuanjie Primary School in Hake Town. A Neolithic tomb was exposed, but most of the bones were lost. The skull was buried in the sandy soil about 0.3 meter deep from the surface of the earth and preserved well. More than one hundred microliths were discovered in this tomb. The Hake Site No.3 was a tomb, located about 150 meters east of Hake Village. A large number of lithic tools, jade artifacts, pottery, bone artifacts and human skeletal remains were discovered within a range of nearly 50 square meters. The painted pottery of the Hake-Tuanjie site was the first discovery in Hulunbuir. The site is also the northernmost place discovered the Neolithic painted pottery in China. The Hake-Tuanjie site was unearthed 8 jade artifacts, including 2 jade axes, 3 jade bi-discs, 1 jade ring, 1 jade huan and 1 jade bead. The jade axes and jade adze have no obvious using signs and may be ritual vessels.

In the Neolithic age, the triangular stone arrowheads, unearthed from the Hake Site, were the standard objects which represented microliths developing to the peak in Hulunbuir between 7000 and 4000 years ago. The development sequence of stone arrowheads should be "willow leaf-shaped" → "peach-shaped" → "triangle" → "rectangular pyramid". Triangular stone arrowhead with the concave bottom was developed from peach-shaped stone arrowhead. The most representative site should be the Hake Site. Therefore, the archaeological culture of this period is called Hake Culture[6].

In 1984, a large pottery li-tripod was found in the west of Songshan Hailar, the north side of Binzhou railway, and about 4.5 kilometers west from Hailar urban area. It is 28 centimeters high, 31 centimeters long of the maximum rim diameter, 27 centimeters long of the belly diameter, 10 centimeters high of the crotch. Its belly side is straight as barrel-shaped, and tripod legs are long[7]. The pottery li-tripod was made between the Shang dynasty and the early-mid of Western Zhou dynasty.

Tuanjie Xianbei cemetery in Hulunbuir was left behind by Tuoba Xianbei when they moved out of the Greater Khingan Mountains. The cemetery was

[5] Inner Mongolia work team of Institute of Archaeology of CASS, Hulunbuir League Ethnic Museum, "Investigation of Tuanjie Site in Hailar City Inner Mongolia", *Archaeology*, (5)2001, pp.3-17; Zhao Yue, "On Hake Culture", *Cultural Relics and Archaeology of Inner Mongolia*, (1)2001, pp.64-79.

[6] Zhao Yue, *Ancient Hulunbuir*, Hunlunbuir, Inner Mongolia Culture Press, 2004, p.33.

[7] Wang Cheng, "Found A Large Pottery Li-tripod in Xishan Hailar of Inner Mongolia", *Northern Cultural Relics*, (2)1998, p.10.

located on the south shore of Hailar River, about 0.5 kilometer west of Tuanjie Village in Hake Town, 0.8 kilometer south of Hailar River and 2 kilometers north of National Highway 301. After excavation, the cemetery was discovered 7 tombs, all of which were vertical earthen pits, single interment without burial container. The tombs surfaces were rectangle-shaped. Funerary objects were daily life utensils and ornaments, mainly pottery. Iron artifacts were discovered in some tombs. Sacrificial animals were common. These burial customs were basically the same as Xianbei tombs' vertical earthen pits in Hulunbuir. According to the burial styles and cultural connotations, the upper limit of the cemetery was about the mid-late period of the Eastern Han dynasty. The discovery added new archaeological data to the study of Tuoba Xianbei. On September 4, 2006, the cemetery was approved as the fourth batch of Historical and Cultural Sites Protected at the Inner Mongolia Autonomous Region Level.

The excavation of Sirtala cemetery in Hailar is an important archaeological achievement of nomadic ethnology on Hulunbuir Grassland. Sirtala is the meaning of "golden prairie" in Mongolian, because daylilies bloomed all over in July. Sirtala cemetery is located about 5 kilometers east of Sirtala Town, 15 kilometers northeast of Hailar urban area and 2 kilometers north of Hailar River.

The Sirtala cemetery was excavated for the first time in 1998. It was discovered 10 tombs and gold, silver, bronze, iron artifacts, pottery, wooden and birch-bark artifacts, including more than hundred pieces of wooden bows, iron arrowheads, birch-bark saddles, glass beads and so on, as well as 10 well preserved human skeletons. The ethnologists identified that these skeletons were north Asiatic Mongoloids, and belonged to Shiwei in the 9th and 10th centuries, which were of great value to the study of Mongolian origin[8].

From August to October 2013, Hulunbuir Joint Archaeological Team was formed by the Institute of Archaeology of Chinese Academy of Social Sciences, Inner Mongolia Autonomous Region Institute of archaeology and Hulunbuir Ethnic Museum. Wang Wei and Tala served as the chief team leaders, had conducted the second formal archaeological excavation at Sirtala cemetery Hailar District and rescue excavation at Gangga cemetery Chen Barag Banner, which obtained important achievements about Mongolian origin. 3 tombs were discovered at Sirtala cemetery. During the excavation, experts of cultural heritage preservation visited the site and took the tombs with boxes and transported to Hulunbuir Ethnic Museum for archaeological research in the laboratory. That has two points of importance: firstly, it will maximize the acquisition of archaeological information in the process of laboratory research, including the extraction of various types of test samples and the image data of the complete excavation process. secondly, the use of modern scientific and technological protection for wooden burial containers and artifacts will lay a foundation for in-depth research and museum display[9]. It is worth emphasizing that the 6 tombs at Gangga cemetery were buried with

[8] Institute of Archaeology of CASS, Hulunbuir League Ethnic Museum, Hailar District Cultural Relics Administration, *Sirtala Cemetery in Hailar*, Beijing, Science Press, 2006.

[9] Liu Guoxiang, Bai Jinsong, "New Advances in Archaeology of Mongolian Origin – Excavation Achievement of Sirtala Cemetery and Gangga Cemetery in 2013", http://www.kaogu.cn/html/cn/xueshuhuodongzixun/2013nianduzhongguobianjiangkaogulunan/2013/1224/44825.html.

single dug-out log coffins, birch-bark quivers, iron arrowheads with wooden bars, bronze earrings and so on. Preliminarily inferred the date was about 7th to 8th century AD. There were many other similar tombs in the cemetery after drilling investigation. That is the largest cemetery buried with single dug-out log coffins ever found in Hulunbuir Grassland[10].

Historical literature recorded that Mongolian royalty used single dug-out log coffins as their burial containers. Volume 79 "sacrifice" of *History of the Yuan Dynasty*"said: "When emperor dies, use nanmu as a coffin which is divided into two, then made into human-shaped that is only enough to accommodate themselves"[11]. Ye Ziqi, the man of the Ming Dynasty, described in *"Caomuzi"*: "Coffins in the Yuan dynasty, were made by two pieces of Kuanmu wood which were chiseled the inside into human-shaped. The remains were placed in it. Pained the coffin, tied it up with 3 golden circles, and then buried it in north mausoleum"[12].

Sirtala culture represents the remains of the Shiwei people who lived in Hulunbuir Grassland during the 7th to 10th centuries AD. According to the results of physical anthropology, Sirtala people were the closest to the modern Mongolian in craniofacial types and basically belong to the North Asian type of Mongoloid. The discovery of Sirtala culture has provided scientific archaeological data for studying the history of Shiwei and exploring the Mongolian origin. It is of great significance to construct the archaeological cultural system of ancient nomadic ethnics in Hulunbuir Grassland and the study of archaeology and history in the northeastern of China.

Sirtala cemetery and Gangga cemetery are of great significance to the exploration of Mongolian origin.

[10] Hulunbuir Joint Archaeological Team, "Gangga Cemetery in Chen Barag Banner of Inner Mongolia", *Archaeology*, (7)2015, pp.75-86.

[11] [Ming Dynasty] Song Lian, etc., *History of the Yuan Dynasty*, Beijing, Zhonghua Book Company, 1976, p.1925.

[12] [Ming Dynasty] Ye Ziqi, *Caomuzi*, Beijing, Zhonghua Book Company, 1959, p.60.

目 录 CONTENTS

序言

蒙古民族是一个伟大的民族，具有悠久的历史和独具特色的文化。13世纪初，蒙古人在漠北高原崛起。1206年秋，成吉思汗及其子孙率领的蒙古铁骑几乎横扫整个欧亚大陆，在世界史上开创了一个蒙古时代，影响了欧亚大陆的政治文化格局。但是，蒙古民族也给中国史、世界史的研究留下了诸多未解的难题。其早期发展史，也因史料甚少、记载不详且考古资料零散，从而制约了相关研究的深入。

在蒙古民族形成之前，蒙古高原先后出现过东胡、匈奴、乌桓、鲜卑、柔然、契丹、室韦等部族。关于蒙古民族的起源有多种传说和假说，至今尚无准确定论。蒙古民族是在哪里兴起的？是如何形成和发展起来的？其文化经历了怎样的发展变化？何以一跃成为横跨欧亚大陆的蒙古大帝国？蒙古民族在历史上发挥了怎样的作用？这些问题是困扰中国史乃至世界史研究的重要课题。关于元朝历代帝王陵寝的地理方位与建制等问题，不仅是一道举世瞩目的世界性千古谜题，其研究的空白，也是当代中国考古学、历史学、民族学等诸多学科领域的一个巨大学术缺憾。

2012年8月，经中央常委批示，"蒙古族源与元朝帝陵综合研究"作为"国家社会科学基金重大委托项目"正式立项，为期10年。田野考古调查和发掘工作主要集中在呼伦贝尔地区展开，要求推出具有国际影响力的学术成果，为维护国家统一、民族团结与文化安全服务。

呼伦贝尔地域辽阔，河流众多，森林茂密，水草丰美。我国著名历史学家翦伯赞先生在《内蒙访古》中曾经写道："呼伦贝尔不仅在现在是内蒙的一个最好的牧区，自古以来就是一个最好的草原。这个草原一直是游牧民族的历史摇篮。""假如呼伦贝尔草原在中国历史上是一个闹市，那么大兴安岭则是中国历史上的一个幽静的后院。"

呼伦贝尔历史文化资源丰富，田野考古成果显著。经过考古工作者多年不懈的努力，在大兴安岭林区、呼伦贝尔草原及呼伦湖周围取得了一系列的重要考古发现，譬如相当于青铜时代晚期至铁器时代早期的石板墓、两汉时期的鲜卑墓、辽代契

呼伦贝尔民族文物考古大系

HULUNBUIR ETHNIC CULTURAL
RELICS AND ARCHAEOLOGY SERIES

海拉尔区卷
HAILAR DISTRICT

主编

中国社会科学院考古研究所　内蒙古自治区文物局　北京大学考古文博学院

中国社会科学院蒙古族源研究中心　内蒙古蒙古族源博物馆　呼伦贝尔民族博物院

文物出版社

CULTURAL RELICS PRESS

丹族的文化遗存以及蒙元时期的城址等。特别是1998年由中国社会科学院考古研究所与呼伦贝尔民族博物院联合发掘的海拉尔区谢尔塔拉墓地，发现了一批9~10世纪的游牧民族的墓葬，有盖无底的葬具形制十分独特，出土的弓、箭、矛、马鞍和马衔等随葬品，具有浓郁的草原游牧民族文化特征。体质人类学的研究结果表明，谢尔塔拉人群在颅、面类型上与现代蒙古族最接近，基本上属于蒙古人种北亚类型。谢尔塔拉墓地的发现，为研究蒙古人在松漠之间的崛起，提供了首批经过科学考古发掘的实证资料，深受国内外学术界的关注，成为在呼伦贝尔地区研究蒙古族起源的重要基点。

当今世界学术发展的一个趋势是多学科的有机结合和相互渗透，通过方法论体系的创新，取得具有前沿性的学术成果。我们要在以往田野考古工作的基础上，紧紧围绕项目主题，通过周密规划，开展富有成效的田野考古调查、发掘及文化遗产保护工作，获取与蒙古族源相关的新的考古实证资料，科学构建蒙古史前史的框架，推动中国蒙古学的发展，开创国际蒙古学研究的新局面。

《呼伦贝尔民族文物考古大系》（10卷）作为"蒙古族源与元朝帝陵综合研究"项目中的重要子课题之一，将系统展示呼伦贝尔地区的民族文物考古成果，从文化遗产的角度揭示包括蒙古族在内的森林草原民族的生产、生活面貌和精神世界，为学术研究奠定基础，同时能够起到宣传与普及森林草原民族历史文化知识的作用，丰富和深化对中华民族多元一体格局的理论认识，在新的历史时期，必将有助于促进国家统一、边疆稳定和民族团结。

众所周知，蒙古族的形成与发展、蒙古族的历史与文化的研究是一个世界性的课题。我们真诚地希望全世界研究蒙古民族历史与文化的学者加强交流与合作，共同促进相关研究的深入，共同承担复原蒙古民族历史的任务，把蒙古民族与其他民族共同创造的历史画卷，越来越清晰地展现在世人面前！

中国考古学会理事长
中国社会科学院学部委员、考古研究所原所长、研究员　　王　巍
项目首席专家

内蒙古蒙古族源博物馆原馆长
呼伦贝尔民族历史文化研究院院长　　孟松林
项目首席专家

PREFACE

As a great ethnic group, Mongolian has a long history and unique culture. Mongolian rose up in the north of the Gobi desert at the beginning of the 13th century. Most of the Eurasia had been conquered by the strong cavalry led by Genghis Khan and his descendants since the autumn of 1206. The Mongolian times was inaugurated in the world history, and political and cultural structures of Eurasia were affected. However, Mongolian left many unsolved problems to us. Mongolian's early development is unclear because of the lack of historical documents and archaeological data, which limits further development of the related research.

Before the formation of the Mongolian, there were a number of ethnic groups successively living in the Mongolian Plateau, such as Donghu, Xiongnu, Wuhuan, Xianbei, Rouran, Qidan and Shiwei.There are many legends about the origin of Mongolian. Lots of hypotheses have been proposed, but no one is the final conclusion. Where did Mongolian rise up? How did it formed and developed? What kind of cultural changes has it experienced? Why did it establish a great Mongol empire in Eurasian Steppe in a short time? What role did it play in the history? These issues are important in the research of Chinese history as well as world history. Also, the location and institution of the imperial mausoleums in Yuan Dynasty are globally concerned mysteries in the researches of archaeology, history and ethnology.

As a special entrusting project of NSSFC(The National Social Science Fund of China), the project of Synthetic Research of Mongolian Origin and Imperial Mausoleums in Yuan Dynasty was approved by Central Politburo Standing Committee of CPC in Aug. 2012. This is a major 10-year project. Most of the excavation and investigation have been done in the Hulunbuir area. Academic achievements with international influence have been demanded in order to serve national unification, ethnic unity, and cultural safety.

Hulunbuir is an expansive area consisting of rivers, forests and grasslands. As the descriptions in the book *Historical Visit in Inner Mongolia* written by the famous historian Jian Bozan, "Hulunbuir not only is the best pasture in Inner Mongolia, but also has always been the cradle of the nomadic peoples. If Hulunbuir grassland is a noisy city in Chinese history, the Greater Khingan Mountains will be a quiet backyard."

Hulunbuir is rich in historical and cultural resources and archaeological findings. Many important sites have been discovered in the forest region of the Greater Khingan Mountains by diligent archaeologists, such as slab tombs dated to a period between the late Bronze Age and the early Iron Age, Xianbei tombs of Han Dynasty, Qidan remains of Liao Dynasty, and city ruins in the Mengyuan period. For example, the Sirtala cemetery of nomadic people dated to the 9th to 10th century was excavated by the Institute of Archaeology, CASS and Hulunbuir National Museum in 1988 in Hailar District. The burials are characterized with bottomless wooden coffins. The funerary objects present strong nomadic style, such as bows, arrows, spears, saddles and gag bits. The study of physical anthropology showed that skeletons of Sirtala cemetery were closest in skull and face to modern Mongolian and basically belonged to Northern Asia Mongoloids. The discovery of Sirtala cemetery provided the first archaeological evidence for the research on rising of Mongolian in the grassland, which attracted attention internationally and became an important base in the research of the origin of Mongolian in Hulunbuir area.

The multi-disciplinary study has become a trend for the development of science, which can contribute to academic achievements by making innovations in methodology. According to the theme of the project, archaeological excavations and investigations, and cultural heritage protection will be carried out in order to achieve new archaeological data on the origin of Mongolian, so that prehistory of Mongolian should be clearer, and Mongolian study in China will be promoted, and hopefully a situation of Mongolian study in the world will emerge.

As an important part of the project of Synthetic Research of Mongolian Origin and Imperial Mausoleums in Yuan Dynasty, these books, *Hulunbuir Ethnic Cultural Relics and Archaeology Series* (totally 10 volumes), will show all the achievements about ethnic cultural relics and archaeological study in Hulunbuir area to reveal the life and spiritual world of the peoples in forest and grassland including Mongolian from the perspective of cultural heritage. The books not only lay the academic foundations, but also contribute to popularizing the culture of peoples in forest and grassland, and deepen the theory that there is diversity in unity of the Chinese nation. This will contribute to the national unification, ethnic unity, and stability in border areas.

As we all know, the formation, development, history and culture of Mongolian are worldwide topics. We sincerely hope that all the scholars in the world who are interested in these topics will work together in order to restore the history of Mongolian and explore the contribution of the Mongolian to the human history.

Director of the Archaeological Society of China

?mber of Academic Committee of CASS; Former Director of the Institute of Archaeology; Researcher **Wang Wei**

Prime expert of the project

Former Director of the Mongolian Origin Museum of Inner Mongolia Autonomous Region

Director of the Institute of National History and Culture of Hulunbuir **Meng Songlin**

Prime expert of the project

海拉尔区民族文物考古概述

刘国祥　白劲松　沈睿文

海拉尔区（简称"海区"）地处内蒙古自治区东北区，呼伦贝尔市中部偏西南，大兴安岭与蒙古高原结合部，即大兴安岭西麓低山丘陵与呼伦贝尔高平原东部边缘结合地带，海拉尔河与伊敏河汇合处，呼伦贝尔大草原腹地——"海拉尔内陆断陷盆地"。地理坐标位于东经119°28′~120°34′与北纬49°06′~49°28′之间。海区境域界线曲折，东西长77公里，南北宽40公里。东部、南部与鄂温克族自治旗接壤，西部、北部同陈巴尔虎旗毗邻。距俄罗斯边界最近距离110公里，距蒙古人民共和国边界最近距离160公里。总面积1319.8平方公里，占呼伦贝尔市总面积0.53%，其中城区面积28平方公里，占海区面积2.12%。

流经海拉尔的河流主要有海拉尔河和伊敏河。海拉尔河、伊敏河境内水面面积1900余平方公里，径流量年际变化，最大径流量与最小径流量相比，相差幅度并不悬殊，大多数年份接近均值，水量相对稳定。河流径流量多年变化的周期性界线不明显，丰、平、枯水交替频繁，呈现出10~24年周期性变化。

海区地貌类型多样，地势东高西低。海拔高度在603~743米之间，相对高差170多米，平均海拔612.9米。海区属中温带半湿润半干旱大陆性季风气候。春季多大风而少雨，蒸发量大；夏季温凉而短促，降水集中；秋季降温快，霜冻早；冬季严寒漫长，地面积雪时间长。

海拉尔区是一个多民族的聚居区，全区共有28个民族，其汉族人口占人口总数的77.5%，其他民族包括蒙古族、回族、满族等，占总人口的22.5%。

海拉尔，清雍正十年（1732年）建置，1734年建城（呼伦贝尔城），至今已有280多年建城历史。清代，为呼伦贝尔副都统衙门属地；民国九年（1920年），设呼伦县，管辖汉族事务；东北沦陷时期，隶属伪满洲国兴安北省；1940年，依据伪满洲国第89号令设市；2002年1月，撤市设区。

在全国第三次文物普查过程中，海区共调查不可移动文物55处。其中古遗址15处，古墓葬3处，近现代重要史迹及代表建筑37处。具体是：复查不可移动文物16处，其中古遗址3处，古墓葬1处，近现代重要史迹及代表建筑12处；新发现不可移动文物39处，其中古遗址12处，古墓葬2处，近现代重要史迹及代表建筑25处。

对于细石器起源地的研究目前尚未定论。呼伦贝尔草原细石器工业十分发达，了解这一地区细石器与华北旧石器时代晚期业已出现的细石器和西伯利亚细石器的关系，可能为解决这一学术问题提供依据。

呼伦贝尔地处我国与俄罗斯西伯利亚和蒙古人民共和国的交界处，特殊的地理位置，使得呼伦贝尔的细石器研究成为带有国际性研究意义的课题。早在20世纪二三十年代便引起国外学者的重视，我国考古学家佟柱臣[1]、安志敏[2]、汪宇平[3]、盖山林等人也多次到这里调查[4]，至今调查、发掘、研究仍不绝于缕，其中海拉尔西山、哈克遗址便是长期受到关注的学术焦点。

海拉尔西山（松山）遗址位于海拉尔区西山54发射塔西500米处。1962年8月，安志敏先生调查发现并命名。该遗址长约3公里，宽约1公里，共有25处，采集有石核、石片、石叶、刮削器、白瓷片、铁器残片。2009年7月，海区第三次全国文物普查小组在面积约20000平方米的一片沙坑中，采集到石叶等细石器，还有陶片、骨器等新石器时代的遗存，确定这片沙坑为细石器的一处遗址点。

哈克遗址分布在海拉尔河河谷的二级台地上，面积约10平方公里，是以海区哈克镇境内发现的属于新石器时代、以细石器为代表的古遗址及古墓葬命名，时代为距今6000~4000年，以精美玉器、细石器、弓箭、陶器和丰富的墓葬为代表。

1985年以降，在海拉尔郊区哈克镇西北3公里团结村一组、团结小学及新村东150米处，先后三次发现属于新石器时代以细石器为主的遗迹、墓葬，引起国内考古界的广泛关注。1999年10月，中国社会科学院考古研究所内蒙古工作队与呼伦贝尔盟民族博物馆联合对哈克镇团结村遗址进行正式调查、发掘清理[5]。

2004年，呼伦贝尔市政府将哈克遗址公布为市级重点文物保护单位。2006年，升为内蒙古自治区重点文物保护单位。

哈克遗址一号点位于哈克镇哈克村一组居民区内，在该遗址地表散布石镞、石片、石叶、石核等细石器遗物，以及少量陶片。2003~2004年，对遗址进行了调查和发掘，出土各类文化遗物2154件，还发现辽代遗物，并且在新石器文化层内发现两座墓葬，一处居住遗址，这是首次发掘出距今5000多年的"地窨子"遗迹。哈克遗址二号点在哈克镇团结小学东南1800米的风蚀

[1] 佟柱臣：《试论中国北方和东北地区含有细石器的诸文化问题》，《考古学报》1979年第4期，页403-422。

[2] 安志敏：《海拉尔的中石器遗存——兼论细石器的起源和传统》，《考古学报》1978年第3期，页289-316。

[3] 汪宇平：《内蒙古海拉尔市附近发现细石器文化遗址》，《考古通讯》1956年第3期，页54。

[4] 简单的学术史可参程道宏：《呼伦贝尔史话》，呼伦贝尔：内蒙古文化出版社，2010年，页38-39。

[5] 中国社会科学院考古研究所内蒙古工作队、呼伦贝尔盟民族博物馆：《内蒙古海拉尔市团结遗址的调查》，《考古》2001年第5期，页3-17；赵越：《论哈克文化》，《内蒙古文物考古》2001年第1期，页64-79。

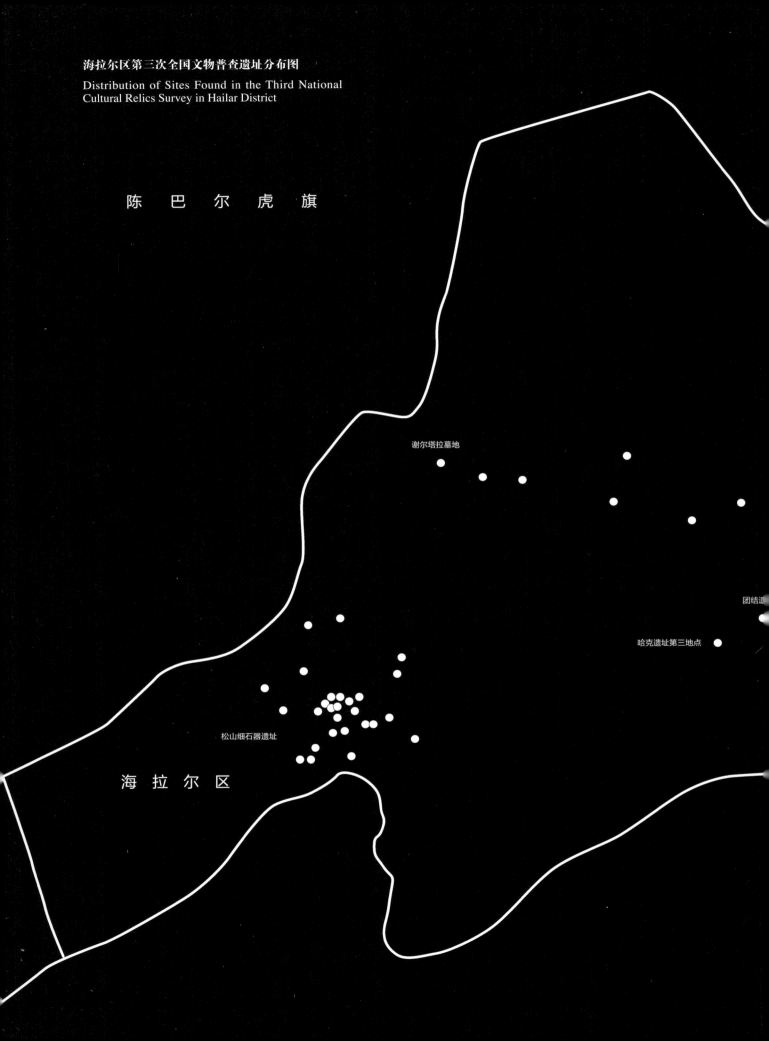

海拉尔区第三次全国文物普查遗址分布图
Distribution of Sites Found in the Third National
Cultural Relics Survey in Hailar District

陈 巴 尔 虎 旗

谢尔塔拉墓地

团结迤

哈克遗址第三地点

松山细石器遗址

海 拉 尔 区

国家社会科学基金重大委托项目资助出版

主 编

编辑委员会

《海拉尔区卷》工作组

呼伦贝尔民族文物考古大系

HULUNBUIR ETHNIC CULTURAL RELICS AND ARCHAEOLOGY SERIES

海拉尔区卷

HAILAR DISTRICT

图版
PLATES

图版目录 Contents of Plates

旧石器时代
Paleolithic Age

约30000～20000年前
B.P. 30000-20000

以打制石器为标志的人类物质文化发展阶段，创造了呼伦贝尔地区最初的原始文化。

This development stage of human material culture, which was marked with chipped lithic tools, created the primitive culture.

披毛犀头骨
Cranium of a Coelodonta Antiquitatis

旧石器时代
长80、宽40厘米
Paleolithic Age
Length 80cm; Width 40cm

2009年海拉尔区北山采集
哈克遗址博物馆藏

呈浅黄色。表面粗糙，鼻骨残留犀角的痕迹。臼齿齿冠很高，数目较多，上牙有10颗，排列均匀紧密，较完整。下牙和下颌骨均无存。

披毛犀脊椎
Vertebra of a Coelodonta Antiquitatis

旧石器时代
高14.8、长29.4、宽25厘米
Paleolithic Age
Height 14.8cm; Length 29.4cm; Width 25cm

2009年海拉尔区北山采集
哈克遗址博物馆藏

　　整体呈黄褐色。硕大，为不规则的梯形，表面
粗糙，下部前端少量残缺。椎孔呈不规则的圆形，内
壁较光滑，直径约7.2厘米。底部后端呈椭圆形，中
间和后端颜色较深。

猛犸象臼齿
Molar Tooth of a Mammuthus

旧石器时代
整体高19、长26、宽14厘米；臼齿高10、长19、宽10厘米
Paleolithic Age
Full: Height 19cm; Length 26cm; Width 14cm
Molar Tooth: Height 10cm; Length 19cm; Width 10cm

2009年海拉尔区北山采集
哈克遗址博物馆藏

　　深褐色。石化程度较高。齿板排列紧密，磨蚀后几乎呈平行的直线，釉质层薄，褶皱细致，较规则。

猛犸象牙
Tooth of a Mammuthus

旧石器时代
长155、直径14~18厘米
Paleolithic Age
Length 155cm; Diameter 14–18cm

2009年海拉尔区北山采集
哈克遗址博物馆藏

　　褐色。门齿粗大，向上弯曲。表面残蚀，牙尖断裂。

野牛肢骨
Limb Bones of a Bison

旧石器时代
上：高2.7~4、长22、宽4~7厘米
下：高3.2~4.7、长23、宽5~8.4厘米
Paleolithic Age
Upper: Height 2.7–4cm; Length 22cm; Width 4–7cm
Lower: Height 3.2–4.7cm; Length 23cm; Width 5–8.4cm

2009年海拉尔区北山采集
哈克遗址博物馆藏

　　二件。呈黄褐色。保留完整的肢骨结构。

原始牛头骨
Cranium of a Bos Primigenius

旧石器时代
长108、宽33厘米
Paleolithic Age
Length 108cm; Width 33cm

2009年海拉尔区北山采集
哈克遗址博物馆藏

　　呈棕色。仅存额骨和角。额骨平整，两角向两侧生长，狭长微弧，角尖端向前。表面粗糙有条状纹理。

新石器时代
Neolithic Age

约7000～4000年前
B.P. 7000-4000

呼伦贝尔草原细石器遗存丰富，出土细石器的种类和数量较多，制作工艺精湛，在东北地区具有广泛的影响力，也成为该地区新石器时代的典型特征之一。

There were lots of microlithic tools with exquisite technique unearthed in the Hulunbuir Grassland. They had wide influence and were one of the typical features of the Neolithic age in northeastern area.

细石器遗存　地处海拉尔区西山之中，地势较高，周边是一些山地和丘陵、沙坑，土壤以黑钙土和栗钙土为主，植被以小叶锦鸡、沙蒿、樟子松等沙生植被为主。

海拉尔西山樟子松林
The Mongolian Pine Forest in the Xishan Mountain of Hailar

2009年7月，海拉尔三普小组到海拉尔西山国家森林公园内进行普查时，在面积约20000平方米的一片沙坑中，采集到石叶等细石器，还有陶片、骨器等细石器时代的遗存，三普小组确定这片沙坑为细石器的一处遗址点。

松山细石器遗存（由北往南）
The Songshan Microlithic Site (From North to South)

石核
Stone Cores

新石器时代
长1.1~8.3、宽0.9~4.9、厚0.3~2厘米
Neolithic Age
Length 1.1–8.3cm; Width 0.9–4.9cm; Thickness 0.3–2cm

海拉尔区松山遗址出土
呼伦贝尔民族博物院藏

　　九件。呈白、黑、棕黄、灰黄等色，色泽均匀。器表棱面分布不均，有打制痕迹。表面凹凸不平，底面较平整。

船底形石核
Stone Cores

新石器时代
长3.7~6.8、宽2~3.2、厚0.8~2.1厘米
Neolithic Age
Length 3.7–6.8cm; Width 2–3.2cm; Thickness 0.8–2.1cm

2009年海拉尔区松山采集
哈克遗址博物馆藏

　　六件。呈黄、黄褐、灰褐、青等色。呈船形，器体表面凹凸不平，局部有竖向凸棱，有明显的打制痕迹。顶部为台面，靠近台面部较厚，向下渐薄，底部有弧状刃，个别刃部较锋。

刮削器
Stone Scrapers

新石器时代
长3~5.5、宽2.5~3.9、厚0.3~1.1厘米
Neolithic Age
Length 3–5.5cm; Width 2.5–3.9cm;
Thickness 0.3–1.1cm

2009年海拉尔区松山采集
哈克遗址博物馆藏

　　七件。呈黄、灰、深棕等色。器体呈椭圆形，正面凸起，打制痕迹明显。从底部到顶部逐渐增厚，刃部锋利。其中棕色的刮削器表面光滑，其他刮削器表面较粗糙。

刮削器
Stone Scrapers

新石器时代
长8.3~9.8、宽5.5~9.6、厚1.1~1.5厘米
Neolithic Age
Length 8.3–9.8cm; Width 5.5–9.6cm; Thickness 1.1–1.5cm

2009年海拉尔区松山采集
哈克遗址博物馆藏

　　三件。呈土黄色。打制而成，较为粗糙。台面为自然节理形成，单面刃，刃部缘向外突出。右件台面呈三角形，正面中部隆起，纵向起一道棱脊，刃部尖锐。

刮削器
Stone Scrapers

新石器时代
高2.9~6.2、宽1.6~6.4厘米
Neolithic Age
Length 2.9–6.2cm; Width 1.6–6.4cm

海拉尔区松山遗址出土
呼伦贝尔民族博物院藏

　　七件。呈灰黄、黄褐、棕、黑、青灰等色。器体呈长方形、梯形或椭圆形。器表有明显打制痕迹，留有纵向石叶剥落痕。刃端平直或略外弧。

砍砸器
Chopper

新石器时代
长13.8、宽8、厚2.7厘米
Neolithic Age
Length 13.8cm; Width 8cm; Thickness 2.7cm

2009年海拉尔区松山采集
哈克遗址博物馆藏

　　呈青灰色。器体呈不规则椭圆形，打制而成，有明显的凸棱，边缘打制成圆弧刃。

砍砸器
Chopper

新石器时代
长8.1、宽6.8、厚2.8厘米
Neolithic Age
Length 8.1cm; Width 6.8cm; Thickness 2.8cm

2009年海拉尔区松山采集
哈克遗址博物馆藏

　　呈棕褐色，打制而成。器体呈梯形，器表光滑，有压剥的痕迹，单面刃。

砍砸器
Chopper

新石器时代
长13.5、宽7.6、厚3.2厘米
Neolithic Age
Length 13.5cm; Width 7.6cm; Thickness 3.2cm

2009年海拉尔区松山采集
哈克遗址博物馆藏

　　呈青灰色，打制而成。器体呈椭圆形，器表凹凸不平，有压剥的痕迹，四周打制成圆弧刃。

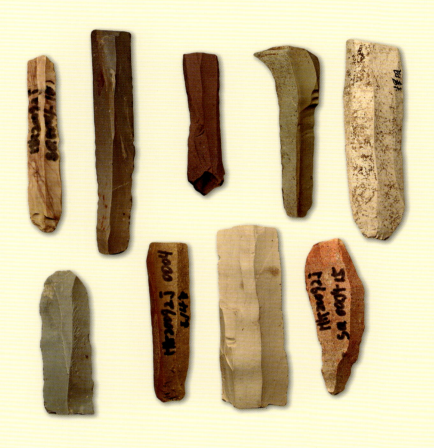

石叶
Stone Blades

新石器时代
长4.3~6.6、宽0.9~1.8、厚0.3~0.5厘米
Neolithic Age
Length 4.3–6.6cm; Width 0.9–1.8cm; Thickness 0.3–0.5cm

2009年海拉尔区松山采集
哈克遗址博物馆藏

　　九件。呈黄褐、灰和浅紫等色。长短不一，整体
为长方形，正面中部有剥片后的凸棱。

石叶
Stone Blades

新石器时代
长1.9~4、宽0.4~1.9、厚0.1~0.5厘米
Neolithic Age
Length 1.9–4cm; Width 0.4–1.9cm; Thickness 0.1–0.5cm

海拉尔区松山遗址出土
呼伦贝尔民族博物院藏

　　九件。呈褐、白、红色。器长而薄，可见剥片痕迹，两侧锋利。

石斧
Stone Axes

新石器时代
长7.5~12、宽4.5~6.7、厚1.1~1.7厘米
Neolithic Age
Length 7.5–12cm; Width 4.5–6.7cm;
Thickness 1.1–1.7cm

2009年海拉尔区松山采集
哈克遗址博物馆藏

　　五件。呈黄褐色。皆由砾石打制成梯形状，表皮光滑。边缘以单面打制为主，刃部锋利。

石镞
Stone Arrowheads

新石器时代
长1.2~4.8、宽0.7~1.8、厚0.1~0.3厘米
Neolithic Age
Length 1.2–4.8cm; Width 0.7–1.8cm; Thickness 0.1–0.3cm

海拉尔区松山遗址出土
呼伦贝尔民族博物院藏

　　39件。呈青、灰、褐、黄、白等色。长短大小不一，压剥而成，多为锥形或柳叶形，部分有残缺。尾部大体呈弧形、直线形，斜直或内凹。中间厚两面薄，正面有纵向凸棱，刃部锋利。

哈克遗址 位于海拉尔河西岸，西距海拉尔区中心一带约26公里。该地属海拉尔区哈克镇，南距哈克镇的哈克村3公里，北距该镇的团结村1.5公里，地理坐标北纬49°13′00″，东经120°04′41″。滨洲铁路和301国道在遗址南侧通过。海拉尔河从遗址东侧而来，绕过遗址北边向西流去。遗址东西长5公里，南北宽0.5~2公里，海拔高度为617~692米。

2004年，呼伦贝尔市政府将哈克遗址公布为市级重点文物保护单位。2006年，升为内蒙古自治区重点文物保护单位。

　　在呼伦贝尔草原上同类文化遗存有240多处，这些遗址基本都分布在河流两岸、湖泊周围地势较高的沙丘和台地上。比较集中在鄂温克族自治旗、陈巴尔虎旗、新巴尔虎右旗、满洲里市、额尔古纳市、海拉尔区，并且在大兴安岭的一些石洞中也有发现，遗址出土的器物以细石器为特点，表明文化内涵的一致性。

哈克湿地
The Hake Wetland

哈克遗址博物馆外的海拉尔河（由北往南）
The Hailar River Outside the Hake Site Museum (From North to South)

　　哈克遗址第一地点位于海拉尔河左岸，保护较好，出土物品较多。2008年，海拉尔区人民政府批准在第一遗址点建立哈克遗址博物馆，恢复了哈克遗址一号点的原貌，并于2009年12月开馆，对游人开放。

　　第二地点位于一沙丘中，原为居民取土场。

　　第三地点现为广阔平坦的农田。

哈克遗址博物馆外的海拉尔河（由北往南）
The Hailar River Outside the Hake Site Museum (From North to South)

哈克遗址博物馆外的海拉尔河（由东往西）
The Hailar River Outside the Hake Site Museum (From East to West)

哈克遗址博物馆（由西南往东北）
The Hake Site Museum (From Southwest to Northeast)

哈克遗址第四地点（由西北往东南）
Locality IV of the Hake Site (From Northwest to Southeast)

哈克遗址第四地点（由东北往西南）
Locality IV of the Hake Site (From Northeast to Southwest)

哈克遗址第四地点（由东北往西南）
Locality IV of the Hake Site (From Northeast to Southwest)

哈克遗址第四地点（由西南往东北）
Locality IV of the Hake Site (From Southwest to Northeast)

　　第四地点位于海拉尔区哈克镇哈克村一组的西北面，海拉尔河左岸二级台地上，南面距301国道约4公里，距海拉尔河约600米，东南方向700米左右是哈克遗址博物馆。该地点南北长约120米，东西宽约60米，面积约7200平方米，出土了大量新石器时代的遗物，以细石器为主。

哈克遗址第五地点（由东北往西南）
Locality V of the Hake Site (From Northeast to Southwest)

　　第五地点位于海拉尔河左岸二级台地上，东距海拉尔河60米左右，南北长约60米，东西宽约40米，面积约2400平方米，是新修公路的取土场，因为筑路取土，使该地点大面积裸露出大量的细石器，出土了近百件细石器及新石器时代的陶片、兽骨，还出土了辽代的陶片。

哈克遗址的发掘地点位于海拉尔河西岸台地上。出土了上万件细石器、骨角器、陶片和装饰品，以及大型哺乳动物和水生动物的遗骸等，还首次发现房址1座，以及墓葬、灰坑、蚌堆、祭祀遗迹和残灶坑等。

哈克遗址发掘现场（由西往东）
Excavation of the Hake site (From West to East)

哈克遗址F1（由西往东）
House F1 of the Hake site (From West to East)

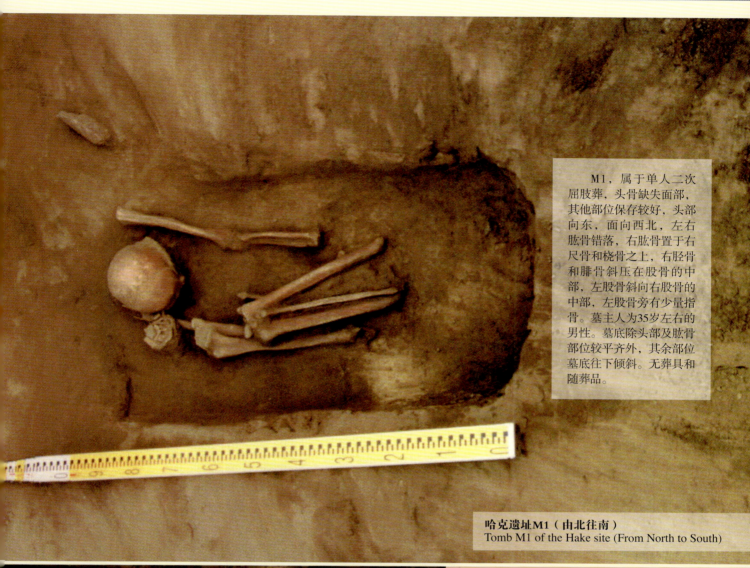

M1，属于单人二次屈肢葬，头骨缺失面部，其他部位保存较好，头部向东，面向西北，左右肱骨错落，右肱骨置于右尺骨和桡骨之上，右胫骨和腓骨斜压在股骨的中部，左股骨斜向右股骨的中部，左股骨旁有少量指骨。墓主人为35岁左右的男性。墓底除头部及肱骨部位较平齐外，其余部位墓底往下倾斜。无葬具和随葬品。

哈克遗址M1（由北往南）
Tomb M1 of the Hake site (From North to South)

哈克遗址M2（由西往东）
Tomb M2 of the Hake site (From West to East)

M2，为五人二次合葬墓，保存状况一般。1号个体头骨缺失，仅有肢骨等部分。2~5号个体头骨比较破碎，分别保留有部分肢骨等。3号头骨处发现一件属于另一个体的残破上颌骨以及数颗上颌牙齿，故将其编号为3b，推测可能是1号个体缺失的头骨残部。这些头部向东或东北，面向不一。1号个体如与3b为同一个体，从牙齿的磨耗程度来看，大致为20岁左右，性别不明；2号个体保留较少的头骨碎片，故未能进行性别和年龄的测定；3a个体可能为20岁左右的男性；4号个体可能为女性，年龄在35岁左右；5号个体可能为男性，年龄在20岁左右。无葬具，有少量的石制品、陶片和动物骨骼，分布散乱。

哈克遗址M3（由西往东）
Tomb M3 of the Hake site (From West to East)

　　M3，为二人二次合葬墓，墓葬保存状况一般。墓主人头骨保存较好，并有部分椎骨、肩胛骨和肢骨等。两具头骨头部向东偏北，面部下倾。1号个体为20岁左右的男性。2号个体为20岁左右的女性。无葬具，有少量的石制品、陶片和动物骨骼，分布散乱。

M3玉饰，发现于1号个体头骨下，应为其发饰。近似长方形，长9.25厘米，中部宽2.1厘米，厚0.4~0.7厘米，重31克。两端呈圆弧状，四周打磨圆润。一端靠边缘处有一圆孔，直径0.5厘米。

哈克遗址M3中1号个体头骨下出土玉饰
A Jade Ornament under the Skull of the No.1 occupant in Tomb M3 of the Hake Site

石核
Stone Cores

新石器时代
长3.5~6、底长3~4、底宽2~2.5、厚1.5~2.5厘米
Neolithic Age
Length 3.5–6cm; Bottom Length 3–4cm; Bottom Width
2–2.5cm; Thickness 1.5–2.5cm

2008~2010年海拉尔区哈克遗址出土
哈克遗址博物馆藏

　　三件。呈灰白色。器体呈多棱锥形，留有压剥痕迹，棱面分布不均匀，一端尖锐，另一端呈不规则的四边形或三角形，凹凸不平。

石核
Stone Cores

新石器时代
长2.4~5.3、底长0.8~3、底宽0.3~1.9、厚0.5~1.7厘米
Neolithic Age
Length 2.4–5.3cm; Bottom Length 0.8–3cm; Bottom Width
0.3–1.9cm; Thickness 0.5–1.7cm

2008~2010年海拉尔区哈克遗址出土
哈克遗址博物馆藏

　　五件。呈墨绿、灰、红褐色。器体呈多棱锥形、柱形，留有压剥痕迹，棱面分布不均匀，一端尖锐，另一端呈不规则的四边形或三角形，凹凸不平。

石核
Stone Cores

新石器时代
长4.5～6.5、底长2～2.5、底宽2～2.5、厚2～2.8厘米
Neolithic Age
Length 4.5–6.5cm; Bottom Length 2–2.5cm; Bottom Width
2–2.5cm; Thickness 2–2.8cm

2008～2010年海拉尔区哈克遗址出土
哈克遗址博物馆藏

　　四件。呈红褐及黄白色。器体呈多棱锥形、柱
形，留有压剥痕迹，棱面分布不均匀，一端尖锐，另一
端呈不规则的四边形或三角形，凹凸不平。

石核
Stone Core

新石器时代
长8.3、宽5.2、厚2厘米
Neolithic Age
Length 8.3cm; Width 5.2cm; Thickness 2cm

海拉尔区哈克遗址出土
哈克遗址博物馆藏

　　红褐色，局部呈黄白色。器体近似长方形，局
部留有压剥痕迹。

石核
Stone Cores

新石器时代
长4.9~7.7、底长2~3.1、底宽1.6~2.2、厚1.7~2.6厘米
Neolithic Age
Length 4.9–7.7cm; Bottom Length 2–3.1cm;
Bottom Width 1.6–2.2cm; Thickness 1.7–2.6cm

海拉尔区哈克遗址出土
哈克遗址博物馆藏

　　九件。呈黄褐、青和酱红色。器表呈多棱锥形，有打制痕迹。上部尖锐，底部呈不规则四边形、圆形，凹凸不平。

石核
Stone Cores

新石器时代
长2.8~5.9、底长1.3~2.3、底宽1~1.3、厚1~1.6厘米
Neolithic Age
Length 2.8–5.9cm; Bottom Length 1.3–2.3cm;
Bottom Width 1–1.3cm; Thickness 1–1.6cm

海拉尔区哈克遗址出土
哈克遗址博物馆藏

　　五件。呈褐、灰和酱红色，色泽均匀。器表呈多棱锥形，有打制痕迹。棱面分布不均匀，上部尖锐，底部呈不规则四边形、多边形，凹凸不平。

石核
Stone Cores

新石器时代
长3.5～9.3、宽0.9～6.5厘米
Neolithic Age
Length 3.5–9.3cm; Width 0.9–6.5cm

海拉尔区哈克镇团结遗址采集
呼伦贝尔民族博物院藏

　　四件。呈灰、灰褐和米黄色。形状不甚规则，其中两件留有打制痕迹，两件留有压剥痕迹。

石叶
Stone Blades

新石器时代
长2.4~4.2、宽0.6~1，厚0.1~0.2厘米
Neolithic Age
Length 2.4–4.2cm; Width 0.6–1cm; Thickness 0.1–0.2cm

2003~2004年海拉尔区哈克遗址出土
哈克遗址博物馆藏

　　13件。均白云岩质地，呈灰褐、黄褐、黄绿、绿等色。整体呈长条形，表面较光滑，修理台面，背面有纵向压剥，作双脊或单脊。两侧或有不规则锯齿。

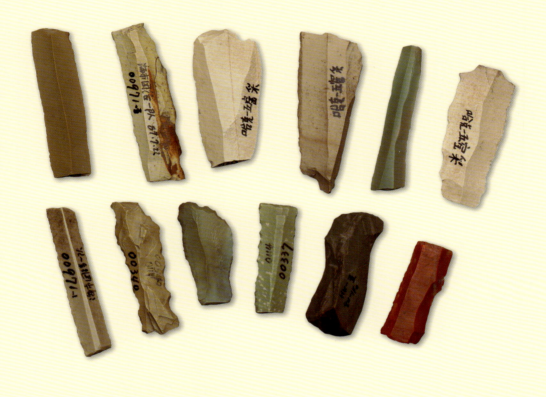

石叶
Stone Blades

新石器时代
长2.6~4.3、宽0.4~1.7、厚0.2~0.9厘米
Neolithic Age
Length 2.6–4.3cm; Width 0.4–1.7cm; Thickness 0.2–0.9cm

2009年海拉尔区哈克遗址出土
呼伦贝尔民族博物院藏

　　12件。呈浅绿、灰绿、浅黄、浅褐、红等色。大体呈长方形
或梯形，微弧。各面打磨光滑，正面多棱，中间厚两端渐薄，侧
棱微有锯齿，边缘锋利。

刮削器
Scrapers

新石器时代
长2.9~3.4、宽2.3~3.1、厚0.5~0.8厘米
Neolithic Age
Length 2.9–3.4cm; Width 2.3–3.1cm; Thickness 0.5–0.8cm

2009年海拉尔区哈克遗址出土
呼伦贝尔民族博物院藏

　　三件。其中绿色一件、灰褐色两件。为压制双刃或复刃刮削器，中间绿色刮削器轮廓呈不规则四边形，左右两件呈圆角三角形，器表光滑，表面杂有土黄色圈。可见明显打制痕迹，四周刃部较锋利。

刮削器
Scrapers

新石器时代
长4.2~5.6、宽2.8~3.8、厚0.3~0.6厘米
Neolithic Age
Length 4.2–5.6cm; Width 2.8–3.8cm;
Thickness 0.3–0.6cm

1986年海拉尔区哈克遗址出土
呼伦贝尔民族博物院藏

　　三件。打制而成。其中两件（上、下右）呈灰褐色。整体呈弧方形，中部凸起，四周刃部锋利。一件（下左）呈黄褐色，近长方形，中部凸起，两侧刃部锋利，正面有两道斜向凸棱，为打制剥离痕迹，较粗糙，背面平整光滑。

刮削器
Scraper

新石器时代
长3.5、宽3、厚1厘米
Neolithic Age
Length 3.5cm; Width 3cm; Thickness 1cm

海拉尔区哈克遗址出土
哈克遗址博物馆藏

　　呈黄褐色。器体近似三角形，一侧较厚向刃部渐薄，刃部锋锐。

石刀
Stone Knife

新石器时代
长5.1、最宽3.6、厚0.2厘米
Neolithic Age
Length 5.1cm; Width less than 3.6cm; Thickness 0.2cm

1986年海拉尔区哈克镇团结遗址采集
呼伦贝尔民族博物院藏

　　呈青色。整体近锥形，头部尖端略有残缺，周围全部打制成刃，刃部锋利，中部平滑。

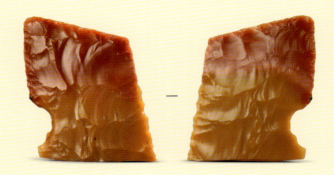

一

石刀
Stone Knife

新石器时代
长3.6、宽2.8、厚0.2厘米
Neolithic Age
Length 3.6cm; Width 2.8cm; Thickness 0.2cm

1986年海拉尔区哈克镇团结遗址采集
呼伦贝尔民族博物院藏

　　一端呈黄色，另一端呈红褐色。略呈平行四边形，器身留有细密的打制痕迹，一边折断，其余三边均为双向打制的刃。

石刀
Stone Knife

新石器时代
长6.4、最宽2.9、厚0.4厘米
Neolithic Age
Length 6.4cm; Width less than 2.9cm; Thickness 0.4cm

1986年海拉尔区哈克遗址采集
呼伦贝尔民族博物院藏

　　呈浅黄色。打制而成，器表光滑，质感细腻。端部向刃部逐渐变薄，刃部锋利。

石刃
Stone Blades

新石器时代
长5.4~6.2、宽0.8~1.6、厚0.1~0.2厘米
Neolithic Age
Length 5.4–6.2cm; Width 0.8–1.6cm; Thickness 0.1–0.2cm

海拉尔区哈克遗址出土
呼伦贝尔民族博物院藏

　　三件。呈长方形或柳叶形，表面光滑，修理台面，背面作双脊，四周有齿状尖刃。

石刃
Stone Blades

新石器时代
长2.9~5.2、宽0.9~1.9厘米
Neolithic Age
Length 2.9–5.2cm; Width 0.9–1.9cm

2004年海拉尔区哈克遗址出土
哈克遗址博物馆藏

　　四件。半透明玛瑙，呈长条状，通体有压剥痕，至边缘渐薄，两侧呈锯齿状。

钩状石刃
Stone Blades with Barb

新石器时代
长4.4~5.1、宽1.8~2.3、厚0.25~0.35厘米
Neolithic Age
Length 4.4–5.1cm; Width 1.8–2.3cm; Thickness 0.25–0.35cm

1999~2002年海拉尔区哈克镇团结遗址采集
呼伦贝尔民族博物院藏

　　四件。半透明玛瑙石，白色夹杂有红褐色。为骨柄石刀之尖部，器体扁薄，较宽，两面略外鼓，至边缘渐薄。横截面近菱形，前部略呈三角形，尖部突出，中部略弧，后端较薄。周边呈锯齿状薄刃。

宽石刃
Wide Stone Blades

新石器时代
长2.2~6.3、宽1.1~2.8、厚0.25~0.3厘米
Neolithic Age
Length 2.2–6.3cm; Width 1.1–2.8cm; Thickness 0.25–0.3cm

1999年海拉尔区哈克镇团结遗址采集
呼伦贝尔民族博物院藏

　　14件。半透明玛瑙石，白色，个别呈黄褐色。通体压剥，器体扁薄，较宽，两侧略弧，两端较直。两面略外鼓，至边缘渐薄，横截面近菱形。两面留有较浅的剥落痕迹，呈不规则状，两侧刃部呈锯齿状。

窄石刃
Narrow Stone Blades

新石器时代
长3.6~6.2、宽0.5~0.8厘米
Neolithic Age
Length 3.6–6.2cm; Width 0.5–0.8cm

1999年海拉尔区哈克镇团结遗址采集
呼伦贝尔民族博物院藏

　　七件。半透明玛瑙石，白色略带棕褐色。器体窄长，上端略窄，下端宽，两侧斜直，两面中部略鼓，至边缘渐薄，横截面呈菱形，靠近两侧边缘留有较密的竖排压剥痕迹。

石铲
Stone Shovel

新石器时代
长12.8、宽8、厚1.6厘米
Neolithic Age
Length 12.8cm; Width 8cm; Thickness 1.6cm

1999年海拉尔区哈克镇团结遗址采集
哈克遗址博物馆藏

　　呈黄褐色。器体平面呈椭圆形，一面略外弧，另一面略内凹。周边呈刃状。

残石铲（耜）
Remains of a Stone Shovel

新石器时代
长6.7、宽8.6厘米
Neolithic Age
Length 6.7cm; Width 8.6cm

1999年海拉尔区哈克镇团结遗址采集
呼伦贝尔民族博物院藏

　　器体扁薄，两面略凹，顶端残，外凸弧刃，略作偏锋。刃端留有细密的纵向使用痕迹。

石锛
Stone Adze

新石器时代
长5.9、宽4、厚2.2厘米
Neolithic Age
Length 5.9cm; Width 4cm; Thickness 2.2cm

海拉尔区哈克遗址出土
呼伦贝尔民族博物院藏

　　打制而成。略呈梯形，单刃，一面较光滑，一面凹凸不平，中部较厚。

石镰
Stone Sickle

新石器时代
长9.5、宽3.3、厚0.4厘米
Neolithic Age
Length 9.5cm; Width 3.3cm; Thickness 0.4cm

1999年海拉尔区哈克镇团结遗址采集
呼伦贝尔民族博物院藏

　　沉积岩。器体扁薄，两面光平，背部一侧斜面，另一侧略凸。刃部斜弧内凹，留有明显的两面加工痕迹，较锋利。

石斧
Stone Axe

新石器时代
长14.2、宽2.1~5.6厘米
Neolithic Age
Length 14.2cm; Width 2.1-5.6cm

1999年海拉尔区哈克镇团结遗址采集
呼伦贝尔民族博物院藏

　　器体呈灰褐色。磨制而成。器体一侧较厚，另一侧渐薄，顶部较窄。平面呈梯形，局部有明显的磨光痕迹。弧刃，略外凸，有细密使用痕迹。

石斧
Stone Axe

新石器时代
长7.7、宽5.3、厚1.7厘米
Neolithic Age
Length 7.7cm; Width 5.3cm; Thickness 1.7cm

海拉尔区哈克遗址出土
哈克遗址博物馆藏

　　器体呈红褐、黄褐色。打制、压剥而成。器体近似梯形，顶部残断，中部较厚，向刃部渐薄，两侧斜直。

石斧
Stone Axe

新石器时代
长11、宽6.7、厚1.9厘米
Neolithic Age
Length 11cm; Width 6.7cm; Thickness 1.9cm

海拉尔区哈克遗址出土
哈克遗址博物馆藏

　　呈红褐色，刃部呈黄褐色。器体近似梯形，宽端为压剥形成刃状。

石杵
Stone Pestle

新石器时代
长10、横截面直径5厘米
Neolithic Age
Length 10cm; Diameter of the Cross Section 5cm

海拉尔区哈克遗址出土
哈克遗址博物馆藏

　　呈灰褐色。磨制而成。器体呈圆柱状，顶部较小，底部较大，底缘略外凸，底面略外鼓。

石杵
Stone Pestle

新石器时代
长7、横截面直径5.2厘米
Neolithic Age
Length 7cm; Diameter of the Cross Section 5.2cm

海拉尔区哈克遗址出土
哈克遗址博物馆藏

　　呈红褐色。磨制而成。器体呈圆柱状，顶部较小，底部较大，底面略内凹。

石杵
Stone Pestle

新石器时代
长9、宽6.3、厚4厘米
Neolithic Age
Length 9cm; Width 6.3cm; Thickness 4cm

海拉尔区哈克遗址出土
哈克遗址博物馆藏

　　呈灰绿色。器体近似梯形，顶端部分残断，底面略外鼓，使用痕迹明显。器身通体磨光，两面偏上留有凹槽。

杵形器
Pestle-shaped Artifact

新石器时代
长9.2、横截面直径6.8厘米
Neolithic Age
Length 9.2cm; Diameter of the Cross Section 6.8cm

海拉尔区哈克遗址出土
哈克遗址博物馆藏

　　呈灰褐色。琢制、磨制而成，器体呈圆柱
状，顶端打制形成一周浅凹槽，底端略圆弧。

石坠
Stone Sinker

新石器时代
长8.7、横截面直径7.9厘米
Neolithic Age
Length 8.7cm; Diameter of the Cross Section 7.9cm

海拉尔区哈克遗址出土
哈克遗址博物馆藏

　　呈灰褐色。磨制而成。器体近似圆锥状，顶
部呈尖弧状，底面较平，器体表面一侧纵向留有一
道凹槽。

残磨棒
Remains of a Stone Roller

新石器时代
残长17、器身横截面长4.1厘米
Neolithic Age
Length of the Remains 17cm; Length of the Cross Section 4.1cm

海拉尔区哈克遗址出土
哈克遗址博物馆藏

　　呈黄褐色。琢制而成。器体残存近似四棱柱状，横截面呈方形，一端残断，另一端外凸呈圆弧状。器身磨制光滑。

石环状器
Loop-shaped Stone Artifact

新石器时代
外径12.1、内径3.3、厚5.1厘米
Neolithic Age
Exterior Diameter 12.1cm; Interior Diameter
3.3cm; Thickness 5.1cm

海拉尔区哈克遗址出土
哈克遗址博物馆藏

　　呈灰褐色。琢制、磨制而成。残存器体呈
半圆状，器体两面及外缘各留有一周凹槽。

石锥形器
Awl-shaped Stone Artifacts

新石器时代
长2.6~2.8、宽1~1.3厘米
Neolithic Age
Length 2.6−2.8cm; Width 1−1.3cm

海拉尔区哈克镇团结遗址采集
呼伦贝尔民族博物院藏

　　二件。一件为浅绿色，一面较平，另一面略起棱脊，
底部扁薄，近方形，身部较细，呈扁锥状，尖部凸出。另
一件为浅黄色，一面较平，另一面有纵向凸棱，有打制痕
迹，底部近长方形，身部较短，呈扁锥状，尖部凸出。

石镞形器
Arrowhead-shaped Stone Artifacts

新石器时代
长2.5～3.5、宽1.8～2.2、厚0.2～0.5厘米
Neolithic Age
Length 2.5–3.5cm; Width 1.8–2.2cm; Thickness 0.2–0.5cm

海拉尔区哈克镇团结遗址采集
呼伦贝尔民族博物院藏

　　十件。半透明玛瑙，压制而成。器体呈三角形，两侧略外弧，前端呈尖弧状，尾端平直或略内凹，两侧刃部锋利。

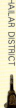

石镞
Stone Arrowheads

新石器时代
长2.3~3.1、宽1~1.3厘米
Neolithic Age
Length 2.3–3.1cm; Width 1–1.3cm

2009年海拉尔区哈克遗址出土
哈克遗址博物馆藏

六件。石料为燧石、半透明玛瑙，呈黄褐、白、灰色。整体轮廓呈锐角等腰三角形，压剥而成，刃部为较细齿状，器形较规整。

石镞
Stone Arrowheads

新石器时代
长1.9~2.9、宽1.2~1.8、厚0.1~0.3厘米
Neolithic Age
Length 1.9–2.9cm; Width 1.2–1.8cm; Thickness 0.1–0.3cm

2009年海拉尔区哈克遗址出土
哈克遗址博物馆藏

六件。石料为燧石、玛瑙，压剥而成，有半透明白色及黑、黄褐等色，大小不一。基本呈等腰三角形，表面皆有剥离痕迹，中间厚三边薄，刃部锋利。

石镞
Stone Arrowheads

新石器时代
长1.8~3.3、宽1.3~1.6、厚0.2~0.4厘米
Neolithic Age
Length 1.8–3.3cm; Width 1.3–1.6cm; Thickness 0.2–0.4cm

2009年海拉尔区哈克遗址出土
哈克遗址博物馆藏

六件。呈浅褐、浅绿、红褐、白等色。压剥而成，呈尖锥状，两侧斜直，刃部较锋利，部分底部内凹为燕尾形。

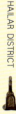

石镞
Stone Arrowheads

新石器时代
长0.9~3、底宽0.7~2.1、厚0.1~0.2厘米
Neolithic Age
Length 0.9–3cm; Bottom Width 0.7–2.1cm; Thickness 0.1–0.2cm

2009年海拉尔区哈克遗址出土
哈克遗址博物馆藏

　　39件。为玛瑙石压剥而成，半透明。呈锐角三角形状，表面均有剥离痕迹，尾部平直或内凹。

石镞
Stone Arrowheads

新石器时代
长1.7~6.1、宽0.7~1.7、厚0.1~0.4厘米
Neolithic Age
Length 1.7–6.1cm; Width 0.7–1.7cm; Thickness 0.1–0.4cm

2009年海拉尔区哈克遗址出土
呼伦贝尔民族博物院藏

　　24件。白色半透明。形制大体相同，大小不一。镞身细长，压剥而成，边缘呈锯齿状。

石镞
Stone Arrowheads

新石器时代
长2.6~4.4、宽0.9~1.7厘米
Neolithic Age
Length 2.6–4.4cm; Width 0.9–1.7cm

2009年海拉尔区哈克遗址出土
哈克遗址博物馆藏

　　五件。石料为燧石、水晶，呈红褐、灰白、灰色，压剥而成。整体轮廓呈锐角等腰三角形或底边内凹的锐角等腰三角形，器形较规整。

石镞
Stone Arrowheads

新石器时代
长1.8~2.3、底宽0.9~1.4、厚0.2~0.3厘米
Neolithic Age
Length 1.8–2.3cm; Bottom Width 0.9–1.4cm; Thickness 0.2–0.3cm

2009年海拉尔区哈克遗址出土
哈克遗址博物馆藏

　　六件。分别呈红、灰白、青、黑等色，压剥而成。整体呈凹底三角形，器体扁薄，刃部较锋利。

石镞
Stone Arrowheads

新石器时代
长2~5.5、宽1.1~2.3、厚0.2~0.5厘米
Neolithic Age
Length 2-5.5cm; Width 1.1-2.3cm; Thickness 0.2-0.5cm

2009年海拉尔区哈克遗址出土
哈克遗址博物馆藏

　　25件。石料为燧石、玛瑙，分别呈红褐、灰褐、墨绿、青白、灰白、黄、白等色。整体轮廓呈三角形，底部平直或内凹，压剥而成，表面留有痕迹。器形较规整，刃部均为细齿状。

石镞
Stone Arrowheads

新石器时代
长1.5～3.8、宽0.7～1.3、厚0.2～0.4厘米
Neolithic Age
Length 1.5–3.8cm; Width 0.7–1.3cm; Thickness 0.2–0.4cm

2009年海拉尔区哈克遗址出土
哈克遗址博物馆藏

　　八件。燧石，分别呈灰白、白、黄褐等色，压剥而成。整体轮廓呈三角形，底部平直或微内凹，两侧加工精致。

石镞
Stone Arrowheads

新石器时代
长1.4~4.1、宽0.7~1.5、厚0.1~0.3厘米
Neolithic Age
Length 1.4–4.1cm; Width 0.7–1.5cm; Thickness 0.1–0.3cm

2009年海拉尔区哈克遗址出土
呼伦贝尔民族博物院藏

　　26件。分别呈红、黄褐、青、黑灰等色，均为石叶压剥制成，大小不等。一件镞身窄长，中部微鼓，有四棱，遍布修理痕迹。其余镞身呈锐角三角形，底部内凹，边缘呈弧形或平直，通体遍布修理痕迹，边缘呈锯齿状。

石镞
Stone Arrowheads

新石器时代
长3.6～4.4、宽1～1.5、厚0.5～0.8厘米
Neolithic Age
Length 3.6–4.4cm; Width 1–1.5cm; Thickness 0.5–0.8cm

2008～2010年海拉尔区哈克遗址出土
哈克遗址博物馆藏

　　三件。呈黑、灰褐色，压剥而成。器体呈柳叶形，两面中部起脊向两侧渐薄，两端呈尖状。

石镞
Stone Arrowheads

新石器时代
长2.1～4、宽0.4～1.3、厚0.1厘米
Neolithic Age
Length 2.1–4cm; Width 0.4–1.3cm; Thickness 0.1cm

2008～2010年海拉尔区哈克遗址出土
哈克遗址博物馆藏

　　六件。呈黄褐、灰褐色，压剥而成。器体呈柳叶状，一面中部起一道或两道脊，另一面较平，向两侧渐薄成刃；一端较平直，另一端呈尖锐状。

石镞
Stone Arrowheads

新石器时代
长3.3～5.4、宽0.7～1.3、厚0.1厘米
Neolithic Age
Length 3.3–5.4cm; Width 0.7–1.3cm; Thickness 0.1cm

2008～2010年海拉尔区哈克遗址出土
哈克遗址博物馆藏

　　四件。呈灰褐、灰白色，压剥而成。器体呈柳叶状，一面中部起一道或两道脊，另一面较平，向两侧渐薄成刃；一端较平直，另一端呈尖锐状。

石镞
Stone Arrowheads

新石器时代
长1.5～3.7、底宽1～1.3、厚0.2～0.3厘米
Neolithic Age
Length 1.5–3.7cm; Bottom Width 1–1.3cm; Thickness 0.2–0.3cm

2008～2010年海拉尔区哈克遗址出土
哈克遗址博物馆藏

　　十件。分别呈红褐、黄、白、灰、灰绿、乳白等色，压剥而成。器体呈锐角三角形，中部较厚向边缘渐薄，短边内凹，边缘呈锯齿状，通体遍布压剥痕迹。

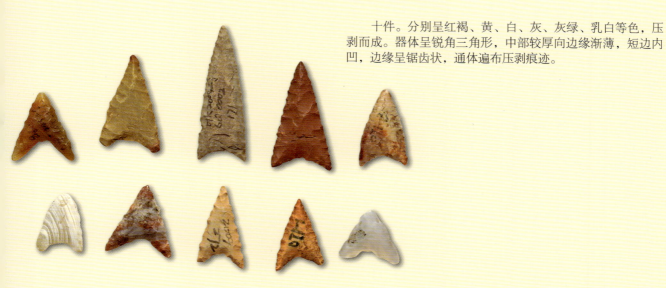

石镞
Stone Arrowheads

新石器时代
长1.2～2.3、底宽1.3～1.5、厚0.1～0.2厘米
Neolithic Age
Length 1.2–2.3cm; Bottom Width 1.3–1.5cm; Thickness 0.1–0.2cm

2008～2010年海拉尔区哈克遗址出土
哈克遗址博物馆藏

　　18件。分别呈绿、灰褐、黑、黄白、红褐、灰绿、紫等色，压剥而成。器体呈锐角三角形，中部较厚向边缘渐薄，短边内凹，边缘呈锯齿状，通体遍布压剥痕迹。

石镞
Stone Arrowheads

新石器时代
长1.1～3.8、底宽1～1.7、厚0.1～0.4厘米
Neolithic Age
Length 1.1–3.8cm; Bottom Width 1–1.7cm; Thickness 0.1–0.4cm

2008～2010年海拉尔区哈克遗址出土
哈克遗址博物馆藏

  18件。分别呈黄褐、乳白、墨绿、红褐、黑、黄等色，压剥而成。器体呈锐角三角形，中部较厚向边缘渐薄，短边内凹或平直，边缘呈锯齿状，通体遍布压剥痕迹。

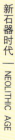

石镞
Stone Arrowheads

新石器时代
长1.2～3.3、底宽0.8～2.1、厚0.1～0.3厘米
Neolithic Age
Length 1.2–3.3cm; Bottom Width 0.8–2.1cm; Thickness 0.1–0.3cm

2008～2010年海拉尔区哈克遗址出土
哈克遗址博物馆藏

　　27件。分别呈白、乳白、黄、黄褐、红褐、黑、灰绿等色，压剥而成。器体呈锐角三角形，中部较厚向边缘渐薄，短边内凹、平直或外弧，边缘呈锯齿状，通体遍布压剥痕迹。

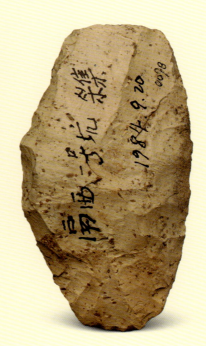

石矛形器
Spear-shaped Stone Artifacts

新石器时代
左：长8.6、最宽3.8、厚0.3~0.7厘米
右：长7.8、最宽4.1、厚0.3~1.2厘米
Neolithic Age
Left: Length 8.6cm; Width less than 3.8cm; Thickness 0.3–0.7cm
Right: Length 7.8cm; Width less than 4.1cm; Thickness 0.3–1.2cm

1984年海拉尔区高西一号坑采集
哈克遗址博物馆藏

　　二件。左件呈长锥形，头部较尖，正面由中部向两侧逐渐变薄，刃部锋利，有较细的加工痕迹。右件呈浅黄色，打制而成。呈不规则锥形，尖端部圆钝，两侧有刃，正面中部凸起，背面平直。

石矛形器
Spear-shaped Stone Artifact

新石器时代
长10.2、最宽3.9、厚0.1~1.7厘米、
Neolithic Age
Length 10.2cm; Width less than 3.9cm; Thickness 0.1–1.7cm

1980年海拉尔区孟东沙坑北头采集
哈克遗址博物馆藏

　　呈黄褐色，打制而成，石质细腻。呈长锥形，头部较尖，三面有刃，刃部锋利。正面由中部向两侧逐渐变薄，一侧有一道棱表现出打击痕迹。背面平滑。

石矛形器
Spear-shaped Stone Artifact

新石器时代
长8.6、最宽3.4、厚0.1~0.4厘米
Neolithic Age
Length 8.6cm; Width less than 3.4cm; Thickness 0.1–0.4cm

2006年海拉尔区孟东沙坑北头采集
哈克遗址博物馆藏

　　呈褐色，打制而成，石质细腻。呈柳叶形，两头较尖，两侧有刃，刃部锋利。正面较粗糙，可见多处打击痕迹。背面较平。

石矛形器
Spear-shaped Stone Artifact

新石器时代
长6.4、宽4.1、厚0.3~0.9厘米
Neolithic Age
Length 6.4cm; Width 4.1cm; Thickness 0.3–0.9cm

1999年海拉尔区松山采集
哈克遗址博物馆藏

　　呈灰色，打制而成。呈锥形，头部略有残缺，端部斜平。两面有刃，较锋利。正面由中部向两侧逐渐变薄，背面较平滑。

石矛形器
Spear-shaped Stone Artifact

新石器时代
长10.6、宽4.9、最厚1.2厘米
Neolithic Age
Length 10.6cm; Width 4.9cm; Thickness less than 1.2cm

1999年海拉尔区松山采集
哈克遗址博物馆藏

　　呈青色，打制而成。呈宽柳叶形，头部较尖两侧有刃，一侧刃部磨平，较为锋利。由中部向两侧逐渐变薄，表面粗糙，表现出明显打制痕迹。

石矛形器
Spear-shaped Stone Artifact

新石器时代
长6.3、宽3.8、厚0.3~1.3厘米
Neolithic Age
Length 6.3cm; Width 3.8cm; Thickness 0.3–1.3cm

1996年海拉尔区西山采集
哈克遗址博物馆藏

　　呈浅黄色，打制而成，石质较粗糙。呈锥形，尖部略有残缺，端部斜平。正面由中部棱脊向两侧逐渐变薄，背面较平。

石坠
Stone Sinker

新石器时代
长9.4、宽5.6厘米
Neolithic Age
Length 9.4cm; Width 5.6cm

1987年海拉尔区哈克遗址出土
呼伦贝尔民族博物院藏

　　整体呈不规则的三角形，一端渐细，另一
端残缺，表面粗糙。长轴及短轴上各贯穿一凹
槽，于宽面中下部呈十字形交叉。

一

石矛形器
Spear-shaped Stone Artifact

新石器时代
长9.2、宽4.5、厚1厘米
Neolithic Age
Length 9.2cm; Width 4.5cm; Thickness 1cm

海拉尔区哈克遗址出土
哈克遗址博物馆藏

　　呈黄褐色。器体近似三角形，两侧压剥
呈刃状，一端残断，另一端压剥呈尖状，较
锋利。

石管
Stone Pipes

新石器时代
上：长6.3、外径0.9~1.2、孔径0.7厘米
下：长1.6、外径0.6、孔径0.3厘米
Neolithic Age
Upper: Length 6.3cm; Exterior Diameter 0.9–1.2cm; Hole
Diameter 0.7cm
Lower: Length 1.6cm; Exterior Diameter 0.6cm; Hole
Diameter 0.3cm

1999年海拉尔区哈克遗址出土
呼伦贝尔民族博物院藏

　　二件。呈白色，磨制而成，均呈长柱状。上
件一端较粗，另一端渐细，两端面不整齐，器体中
部有一道自两面对钻而成的长孔，局部断裂。下件
两端面不整齐，器体中部有一自两面对钻而成的长
孔，横截面呈圆形。

骨锥
Bone Awls

新石器时代
长11.6~12.7、宽0.8~1厘米
Neolithic Age
Length 11.6–12.7cm; Width 0.8–1cm

2009年海拉尔区哈克遗址出土
哈克遗址博物馆藏

　　二件。呈黄色，磨制而成，表面光滑。一
件保存较完整，呈长条状，一端尖锐，一端磨
制成圆刃。另一件一端尖锐，一端残损。

骨锥
Bone Awls

新石器时代
长5.4~10.8、直径0.3~0.4厘米
Neolithic Age
Length 5.4–10.8cm; Diameter 0.3–0.4cm

2009年海拉尔区哈克遗址出土
哈克遗址博物馆藏

　　三件。呈黄、黄褐色，磨制而成，表面光滑。其中两件保存完整，两端尖锐。一件残损，前半部尖锐，后端截面呈圆形。

骨锥
Bone Awls

新石器时代
左：长12.8、最大径2.4厘米
右：长13、宽1.3、厚0.5厘米
Neolithic Age
Left: Length 12.8cm; Diameter less than 2.4cm
Right: Length 13cm; Width 1.3cm; Thickness 0.5cm

2009年海拉尔区哈克遗址采集
哈克遗址博物馆藏

　　二件。左件呈黄色，整体呈不规则圆锥体，表面有两处凹痕，头部较尖锐，一侧圆滑，一侧有凸棱，尾部凹凸不平。右件呈黄褐色，磨制而成，呈长条扁平状，中部至两端渐薄，两侧中部有凹槽，保存完整。

骨锥
Bone Awls

新石器时代
长7.1~9.8、锥头宽0.8~1.6厘米
Neolithic Age
Length 7.1–9.8cm; Head Width 0.8–1.6cm

2009年海拉尔区哈克遗址出土
哈克遗址博物馆藏

　　五件。呈黄褐色或褐色，由动物腿骨磨制而成。长条状，剖面近三角形，上部较粗，下端磨细，尖部锋利。

骨锥
Bone Awls

新石器时代
长7.8~10.2、锥头宽1.4~1.6厘米
Neolithic Age
Length 7.8–10.2cm; Head Width 1.4–1.6cm

2009年海拉尔区哈克遗址出土
哈克遗址博物馆藏

　　二件。分别呈褐色和浅黄色。长条形，锥头较宽，表面较光滑。褐色件锥头部较薄，有磨制痕迹，近中部有一道长凹槽，中部及尖部各有一横向裂纹。浅黄色件中部偏右有一道长凹槽。

骨锥
Bone Awl

新石器时代
长9.1、横截面直径0.8厘米
Neolithic Age
Length 9.1cm; Diameter of the Cross Section 0.8cm

海拉尔区哈克遗址出土
哈克遗址博物馆藏

　　呈浅黄色。器体呈长条状，一端保留骨关节原状，另一端磨制呈钝尖状。

残骨锥
Remains of a Bone Awl

新石器时代
长3.3、横截面直径0.8厘米
Neolithic Age
Length 3.3cm; Diameter of the Cross Section 0.8cm

海拉尔区哈克遗址出土
哈克遗址博物馆藏

　　呈黄色。残存骨锥尖部，尖部锋利，器体表面光滑。

两端刃骨器
Pointed Bone Artifact

新石器时代
长10.1、宽1.9、厚0.5厘米
Neolithic Age
Length 10.1cm; Width 1.9cm; Thickness 0.5cm

海拉尔区哈克遗址出土
哈克遗址博物馆藏

　　呈黄褐色。器体呈长条状，表面磨制光滑，一面较平，另一面外弧中部磨制出凹槽。一端呈扁平状，另一端呈尖状，略残。

角器
Artifact Made of Horn

新石器时代
长9.4、宽2.3、厚0.3厘米
Neolithic Age
Length 9.4cm; Width 2.3cm; Thickness 0.3cm

2009年海拉尔区哈克遗址出土
哈克遗址博物馆藏

　　用动物角骨稍加修理而成。中空，角端和根部均略有残缺。

角器
Artifact Made of Horn

新石器时代
长5.5、宽2.8、厚0.4厘米
Neolithic Age
Length 5.5cm; Width 2.8cm; Thickness 0.4cm

2009年海拉尔区哈克遗址出土
哈克遗址博物馆藏

　　采用动物角骨稍加修理而成。个体粗小，中空，尾端有切割痕迹，角端保留有使用形成的痕迹。

角器
Artifact Made of Horn

新石器时代
长5.7、宽1.9、厚0.3厘米
Neolithic Age
Length 5.7cm; Width 1.9cm; Thickness 0.3cm

2009年海拉尔区哈克遗址出土
哈克遗址博物馆藏

采用动物角骨稍加修理而成。个体较为平直，中空，保存完整。尾端有切割痕迹，表面有较为细密的裂痕。

角器
Artifacts Made of Horns

新石器时代
长10.5~13、宽2.5~3、厚1.7~2.4厘米
Neolithic Age
Length 10.5–13cm; Width 2.5–3cm; Thickness 1.7–2.4cm

2004年海拉尔区哈克遗址出土
哈克遗址博物馆藏

三件。呈灰黄色。左件采用羚羊角制成。另两件采用鹿角制成，右件圆鼓略弧，中部和近尖部各雕有一道未封口的环线，尖部光滑；中间一件大体呈钩形，尖部明显使用磨损，前端角枝有人工切割痕迹，尾端可能为折断。

骨铲
Bone Shovel

新石器时代
长13.8、宽2.5~4厘米
Neolithic Age
Length 13.8cm; Width 2.5–4cm

2009年海拉尔区哈克遗址出土
哈克遗址博物馆藏

　　整体呈长条状，上部较窄，至下部渐宽。右侧中部有一凹痕，刃部呈弧形，单面刃，背面中部纵向略内凹。表面较光滑。

骨管
Bone Pipes

新石器时代
上：长11.8、直径0.7厘米
下：长5、直径0.9~1.2厘米
Neolithic Age
Upper: Length 11.8cm; Diameter 0.7cm
Lower: Length 5cm; Diameter 0.9–1.2cm

2009年海拉尔区哈克遗址出土
哈克遗址博物馆藏

　　二件。上件粗细较均匀，略呈弧形，表面打磨光滑，两端留有切割痕迹，截口平齐。下件残损，表面打磨光滑。

骨管饰
Bone Pipe Ornament

新石器时代
长4.4、横截面直径1.8厘米
Neolithic Age
Length 4.4cm; Diameter of the Cross Section 1.8cm

海拉尔区哈克遗址出土
哈克遗址博物馆藏

　　呈黄褐色。为圆形骨管饰的残余部分，器体表面光滑，刻划有规则细密的弦纹，共22道，一端磨制齐整，见一钻孔，另一端残断。

骨管饰
Bone Pipe Ornament

新石器时代
长4.3、横截面直径1.8厘米
Neolithic Age
Length 4.3cm; Diameter of the Cross Section 1.8cm

海拉尔区哈克遗址出土
哈克遗址博物馆藏

　　呈黄褐色。为圆形骨管饰的残余部分，器体表面残存横排凹弦纹，共四道，凹弦纹下刻划竖向平行短线纹，共三排，其中第一排与第三排之间刻划竖线。两端均残断。

骨管饰
Bone Pipe Ornament

新石器时代
长4.8、宽1.2、厚0.3厘米
Neolithic Age
Length 4.8cm; Width 1.2cm; Thickness 0.3cm

海拉尔区哈克遗址出土
哈克遗址博物馆藏

　　呈黄褐色。器体呈长条状，表面光滑，刻划有凹弦纹，共四道，两道为一组。

骨筒
Bone Pipe

新石器时代
长7、宽0.7~1.2、高0.4~1厘米
Neolithic Age
Length 7cm; Width 0.7–1.2cm; Height 0.4–1cm

海拉尔区哈克遗址出土
哈克遗址博物馆藏

　　呈黄褐色，局部为黑色。器身侧面有六道刻划纹。

骨梭
Bone Shuttle

新石器时代
长8.2、最宽1.1、厚0.4厘米
Neolithic Age
Length 8.2cm; Width less than 1.1cm; Thickness 0.4cm

2009年海拉尔区哈克遗址出土
哈克遗址博物馆藏

　　器体修长，两边渐收成刃部，稍残。器身两面中部凹陷，凸出部分磨制光滑，尾端残，有一个椭圆形穿孔。

骨梭
Bone Shuttle

新石器时代
长5.9、最宽1、厚0.3厘米
Neolithic Age
Length 5.9cm; Width less than 1cm; Thickness 0.3cm

2009年海拉尔区哈克遗址出土
哈克遗址博物馆藏

　　器体呈长条形，两边渐收成刃部。器身一面呈弧形，底面平直，中部凹陷，尾端残。

骨梭
Bone Shuttle

新石器时代
长5.7、最宽1.2、厚0.3厘米
Neolithic Age
Length 5.7cm; Width less than 1.2cm; Thickness 0.3cm

2009年海拉尔区哈克遗址出土
哈克遗址博物馆藏

　　器体呈长条状，两侧平直，至前端内收，呈尖锥状。器身一面中部凹陷，凸出部分磨制光滑，尾部有一椭圆形穿孔。

骨梭
Bone Shuttle

新石器时代
长4.7、最宽0.7、厚0.3厘米
Neolithic Age
Length 4.7cm; Width less than 0.7cm; Thickness 0.3cm

2009年海拉尔区哈克遗址出土
哈克遗址博物馆藏

　　器体呈长条形，顶边渐收与底边成梭刃。器身两面中部凹陷，凸出部分磨制光滑，尾端残断。

骨刀
Bone Knife

新石器时代
长14.8、宽2.5、厚0.8厘米
Neolithic Age
Length 14.8cm; Width 2.5cm; Thickness 0.8cm

1999年海拉尔区哈克镇团结遗址采集
呼伦贝尔民族博物院藏

    呈浅黄色。磨制而成，单刃。器体窄长，背部平直。刃部较背部薄，略外凸，有一道凹槽，可镶嵌石叶。前端呈尖弧状，尾端斜直。

骨刀
Bone Knife

新石器时代
长17.7、宽2.9、厚0.2厘米
Neolithic Age
Length 17.7cm; Width 2.9cm; Thickness 0.2cm

海拉尔区哈克遗址出土
哈克遗址博物馆藏

呈黄褐色。器体呈长条状，背部中段一侧有一缺口。中部略厚，向刃部渐薄，一端残断，另一端磨制成尖状。

骨梗石刃刀
Bone Knife Sheath

新石器时代
长9.2、宽1.9、厚0.7厘米
Neolithic Age
Length 9.2cm; Width 1.9cm; Thickness 0.7cm

海拉尔区哈克遗址出土
哈克遗址博物馆藏

　　呈黄褐色。器体呈弧形长条状，一侧有凹槽，可镶嵌石叶，中部略厚向另一侧渐薄，一端外弧，微残，另一端残断，较不齐整。

骨刀柄
Bone Knife Handle

新石器时代
长24.3、宽2.2、厚0.8厘米
Neolithic Age
Length 24.3cm; Width 2.2cm; Thickness 0.8cm

1986年海拉尔区哈克团结学校细石器墓葬出土
呼伦贝尔民族博物院藏

　　呈浅黄色。平面呈匕首状，两侧斜直，尖部渐细。尖部边缘残。器身两面中部下凹，两侧边有纵向对称镶嵌石刀的凹槽，柄部有一椭圆形孔。

骨匕
Bone Dagger

新石器时代
长7.7、宽1.4、厚0.8厘米
Neolithic Age
Length 7.7cm; Width 1.4cm; Thickness 0.8cm

2009年海拉尔区哈克遗址采集
哈克遗址博物馆藏

　　呈黄褐色。长条扁平状，一端残断，中部略宽，两端稍窄。磨制，表面光滑。

角刀
Horn Knife

新石器时代
长14.2、宽4.1、厚1.6厘米
Neolithic Age
Length 14.2cm; Width 4.1cm; Thickness 1.6cm

海拉尔区哈克遗址出土
哈克遗址博物馆藏

　　呈黄褐色。器体近似月牙状，背部较厚，向刃部渐薄，一端残断，呈斜直状，另一端略尖。

鹿角
Deer Horn

新石器时代
长24.1、直径3.2厘米
Neolithic Age
Length 24.1cm; Diameter 3.2cm

海拉尔区哈克遗址出土
哈克遗址博物馆藏

　　呈黄白色。器体保存鹿角原状，呈"丫"字形。鹿
角上有棱状凸起，鹿角中段有三道绳索捆绑痕迹。

骨镞
Bone Arrowheads

新石器时代
长3.4~10.7、宽0.6~1.5、厚0.2~0.9厘米
Neolithic Age
Length 3.4–10.7cm; Width 0.6–1.5cm; Thickness 0.2–0.9cm

海拉尔区哈克遗址出土
哈克遗址博物馆藏

　　六件，其中四件保存完整。器体由镞身、镞铤两部分组成。镞身呈三棱锥状，表现不明显，镞铤呈长条状。

骨镖
Bone Fish Forks

新石器时代
上：长14.5、宽0.3~1.1、厚0.3~0.8厘米
下：长3.7、宽0.3~0.7、厚0.3~0.6厘米
Neolithic Age
Upper: Length 14.5cm; Width 0.3–1.1cm; Thickness 0.3–0.8cm
Lower: Length 3.7cm; Width 0.3–0.7cm; Thickness 0.3–0.6cm

海拉尔区哈克遗址出土
哈克遗址博物馆藏

　　二件。用动物肢骨切刻、刮削和磨制而成。上件较完整，呈灰白色，扁圆锥状，刻出单排倒钩，仅保留一个。下件仅剩头部，刻出单排倒钩，保留三个。

骨饰
Bone Ornament

新石器时代
长5.2、横截面直径0.7厘米
Neolithic Age
Length 5.2cm; Diameter of the Cross Section 0.7cm

海拉尔区哈克遗址出土
哈克遗址博物馆藏

　　呈黄褐色。器体呈长条状，一面磨制较平，表面光滑，刻划有竖向平行短横线纹，共四组。

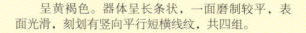

钻孔骨板
Perforated Bone Artifact

新石器时代
长19、宽1.8~4.2、厚0.5~1.2厘米
Neolithic Age
Length 19cm; Width 1.8–4.2cm; Thickness 0.5–1.2cm

2004年海拉尔区哈克遗址出土
哈克遗址博物馆藏

　　扁长形，稍有残缺。采用动物肩胛骨切割、雕刻、磨制和钻孔而成。两端宽，中间窄，一端表面有两个单钻而成的孔。一孔位于宽的一端中上部，直径0.3厘米；另一孔位于宽端边缘，残破。其下方有两个磨圆润的小齿，另一侧边缘也有数个小齿。

钻孔骨板
Perforated Bone Artifact

新石器时代
长7、宽3.4~4.1、厚0.7~7.1厘米
Neolithic Age
Length 7cm; Width 3.4–4.1cm; Thickness 0.7–7.1cm

2004年海拉尔区哈克遗址出土
哈克遗址博物馆藏

　　扁长形，采用动物肋骨片切割、刮削和钻孔而成。一端宽，另一端窄，宽端有一大一小两个钻孔，皆为双面对钻而成，大孔直径0.7厘米，小孔直径0.4厘米。短端背面略呈弧形。

鸟头状骨饰
Bird-head-shaped Bone Ornament

新石器时代
长5.3、最宽1.2、最厚0.3厘米
Neolithic Age
Length 5.3cm; Width less than 1.2cm; Thickness less than 0.3cm

2009年海拉尔区哈克遗址出土
哈克遗址博物馆藏

　　骨质，磨制而成。一端呈鸟头状，其喙部呈细圆柱形，两面对钻圆形小孔表示眼睛，颈部细长，尾端磨制，呈尖弧状。

象牙人面像
Human-face-shaped Ivory

新石器时代
长5.5、宽4.9、厚1.9厘米
Neolithic Age
Length 5.5cm; Width 4.9cm; Thickness 1.9cm

2009年海拉尔区哈克遗址出土
哈克遗址博物馆藏

　　呈乳白色，有不规则黑斑分布。选用象牙截取、刮削和雕刻而成。雕刻手法较为简练，凸出雕刻鼻及口，眼部及面部略内凹。口、鼻呈不规则长方形，未经雕刻部分留有象牙的光滑表面，面部左侧有一纵向裂纹。

　　哈克遗址的细石器、陶器和骨角器的制作风格独特，特别是象牙人面雕像和具有刻划符号的骨雕，体现出当时已具备了较高的工艺水平。这些遗物是当时人们社会、氏族、宗教等多方意识形态的产物，为研究这一地区独具风格的"哈克文化"增加新的重要内容。

长条形玉坠
Strip-shaped Jade Pendant

新石器时代
长9.1、宽2.1、厚0.7厘米
Neolithic Age
Length 9.1cm; Width 2.1cm; Thickness 0.7cm

2009年海拉尔区哈克遗址M3出土
哈克遗址博物馆藏

　　中间呈墨绿色，两侧间杂灰白色。整体呈长条形，表面光滑，中部至两端渐薄，上部有一个对钻的圆孔，顶端内凹，圆孔两侧有倒八形似系绳的痕迹。

玉斧
Jade Axe

新石器时代
长12.2、宽4.3、厚1.7厘米
Neolithic Age
Length 12.2cm; Width 4.3cm; Thickness 1.7cm

1999年海拉尔区哈克镇团结村征集
呼伦贝尔民族博物院藏

　　呈淡绿色，磨制而成，通体抛光。器体呈长方形，顶部残断，不齐整。两侧竖直，其中一侧略起一道竖脊。一面光平，边缘有疤痕；另一面略凸，中部有一道竖脊。近刃端明显变薄，刃平直。

玉斧
Jade Axe

新石器时代
最长5.8、最宽3.2、最厚0.4厘米
Neolithic Age
Length less than 5.8cm; Width less than 3.2cm; Thickness less than 0.4cm

1999年海拉尔区哈克镇团结村采集
呼伦贝尔民族博物院藏

　　呈白色，通体磨光。器身扁薄，顶部略窄，呈斜弧状，两侧斜直，弧刃向外凸出，刃部较锋利。

玉斧
Jade Axe

新石器时代
长9.6、宽3.9、厚1.3厘米
Neolithic Age
Length 9.6cm; Width 3.9cm; Thickness 1.3cm

2009年海拉尔区哈克镇哈克村征集
哈克遗址博物馆藏

　　呈乳白色，局部存绿斑，磨制而成。器体扁薄，器面光滑。上部残，顶端窄，两侧斜直，由顶端至底部渐宽，刃部呈圆弧状，不甚锋利。

玉斧
Jade Axe

新石器时代
长6.8、宽2.8、厚0.7厘米
Neolithic Age
Length 6.8cm; Width 2.8cm; Thickness 0.7cm

2009年海拉尔区哈克镇哈克村征集
哈克遗址博物馆藏

　　绿色、白色相间，磨制而成。器体近似梯形，器体扁薄，器面斑驳。上部残，顶端窄，两侧斜直，由顶端至底部渐宽，刃部呈圆弧状，刃部锋利。

玉锛
Jade Adze

新石器时代
最长4.7、最宽4.1、最厚1厘米
Neolithic Age
Length less than 4.7cm; Width less than 4.1cm;
Thickness less than 1cm

1988年海拉尔区哈克镇团结村采集
呼伦贝尔民族博物院藏

　　呈浅绿色，通体磨光。顶部呈圆弧状，有疤痕。两面光滑、竖直，其中一侧有疤痕。侧刃平直，刃部较锋利。

玉锛
Jade Adze

新石器时代
长5、上宽1.4、下宽2.5、厚0.9厘米
Neolithic Age
Length 5cm; Width 1.4–2.5cm; Thickness 0.9cm

1999年海拉尔区哈克镇团结村采集
呼伦贝尔民族博物院藏

　　呈淡绿色，杂灰白，有蓝色斑点。磨制而成，通体抛光。器体呈梯形，两侧斜直，一面光平，另一面略凸，两端刃，刃平直。

绿松石珠饰
Turquoise Bead

新石器时代
高0.7、外径0.6、内径0.2厘米
Neolithic Age
Height 0.7cm; Exterior Diameter 0.6cm; Interior Diameter 0.2cm

1999年海拉尔区哈克镇团结村采集
呼伦贝尔民族博物院藏

　　呈青绿色。矮柱状，表面光滑，横截面近椭圆形，器体中部有一细长孔。

玉锛
Jade Adze

新石器时代
最长20.2、最宽5.3、最厚2.5厘米
Neolithic Age
Length less than 20.2cm; Width less than 5.3cm; Thickness less than 2.5cm

2009年哈克博物馆征集
哈克遗址博物馆藏

　　呈墨绿色。经切割后磨制而成，表面光滑。其中一面有残缺，顶部有较浅钻孔痕迹，未钻透，一侧面有切割痕迹。器身自顶部至底部逐渐变薄、变宽，两侧斜直。顶部呈圆弧形，刃部向外凸出呈弧形，不甚锋利。

玉环
Jade Ring

新石器时代
外径4.2、内径2.8、厚0.4厘米
Neolithic Age
Exterior Diameter 4.2cm; Interior Diameter 2.8cm;
Thickness 0.4cm

1985年海拉尔区哈克镇团结村采集
呼伦贝尔民族博物院藏

白色。圆形，通体磨光，内外缘较厚。

玉环
Jade Ring

新石器时代
外径3.4、内径2、厚0.1厘米
Neolithic Age
Exterior Diameter 3.4cm; Interior Diameter 2cm;
Thickness 0.1cm

1999年海拉尔区哈克镇团结村出土
呼伦贝尔民族博物院藏

白色。圆形，通体磨光，内外缘略外凸。

玉璧
Jade Bi (A Flat Disk having a Circular Concentric Orifice in the Center)

新石器时代
外径9、内径4.5、厚0.3厘米
Neolithic Age
Exterior Diameter 9cm; Interior Diameter 4.5cm;
Thickness 0.3cm

1999年海拉尔区哈克镇团结村出土
呼伦贝尔民族博物院藏

　　淡绿色。通体磨光，夹杂有红褐、灰褐色斑，内外缘均呈圆形，缘略薄。

玉璧
Jade Bi (A Flat Disk having a Circular Concentric Orifice in the Center)

新石器时代
长径2.6、短径2.2、内径1、厚0.2厘米
Neolithic Age
Large Diameter 2.6cm; Small Diameter 2.2cm; Interior Diameter
1cm; Thickness 0.2cm

1999年海拉尔区哈克镇团结村出土
呼伦贝尔民族博物院藏

　　白色。外缘呈椭圆形，内缘呈圆形，通体磨光，内外缘边缘磨薄。

陶罐
Pottery Jar

新石器时代
残高16、最大腹径23、底径9厘米
Neolithic Age
Height of the Remains 16cm; Belly Diameter less than 23cm; Bottom Diameter 9cm

1999年海拉尔区哈克镇团结村出土
呼伦贝尔民族博物院藏

　　夹砂红褐陶。采用泥圈套接法制作，残存四重泥圈。口部残，腹壁明显外鼓，底部内收，小平底，底缘略外凸。腹壁上部残存两组纹饰，上组纹饰自口沿开始，以两条弦纹间隔，分别填菱形格纹；下组两条弦纹距离较短，内填短斜线纹。腹部饰一周附加堆纹，其上戳压一排窝点纹。

陶钵
Pottery Bowl

新石器时代
残高10.6、口径13.5、腹径15、底径3.1厘米
Neolithic Age
Height of the Remains 10.6cm; Mouth Diameter 13.5cm;
Belly Diameter 15cm; Bottom Diameter 3.1cm

1999年海拉尔区哈克镇团结村出土
呼伦贝尔民族博物院藏

　　泥质黑陶。手制，胎体较厚。直口，颈部有四圈
篦点纹，腹部有四个小孔，孔径0.4~0.6厘米，鼓腹向
底斜收。

陶片
Pottery Fragments

新石器时代
长5.3~9.5、宽3.1~6.8、厚0.5~1.7厘米
Neolithic Age
Length 5.3–9.5cm; Width 3.1–6.8cm; Thickness 0.5–1.7cm

2009年海拉尔区哈克遗址出土
哈克遗址博物馆藏

九片。夹砂灰陶，饰压印纹。

陶片
Pottery Fragments

新石器时代
长5~7、宽2.9~6.6、厚1~1.4厘米
Neolithic Age
Length 5–7cm; Width 2.9–6.6cm;
Thickness 1–1.4cm

2009年海拉尔区哈克遗址出土
哈克遗址博物馆藏

　　二片。夹砂陶，素面。

陶片
Pottery Fragment

新石器时代
长6.7~8.6、宽3.3~4.5、厚0.4~0.6厘米
Neolithic Age
Length 6.7–8.6cm; Width 3.3–4.5cm;
Thickness 0.4~0.6cm

2009年海拉尔区哈克遗址出土
哈克遗址博物馆藏

　　夹砂红陶，饰几何纹。

彩陶片
Painted Pottery Fragments

新石器时代
长1.2~4.3、宽1.2~1.9、厚0.4~0.5厘米
Neolithic Age
Length 1.2–4.3cm; Width 1.2–1.9cm; Thickness
0.4–0.5cm

1999年海拉尔区哈克镇团结村出土
呼伦贝尔民族博物院藏

　　19片。呈红色，部分陶片上绘有波折状窄
道黑彩，为陶罐腹片和口沿。夹细砂，陶质较
硬，胎体较薄。

颅骨
Skull

新石器时代
颅高12.2、颅长14.9、面宽10.8厘米
Neolithic Age
Height of the Skull 12.2cm; Length of the Skull 14.9cm; Width of the Face 10.8cm

2009年海拉尔区哈克遗址出土
哈克遗址博物馆藏

　　额骨、顶骨部分缺失，下颌骨缺失。骨骼表面结节明显，头骨顶面呈五角形，顶面轮廓线较圆钝，枕部曲度甚为平缓，属圆颅型。眉弓不发达，颧骨突出，梨状孔为心形，乳突中等，齿弓呈"U"形，残存上颌五颗臼齿，属于典型蒙古人种。

青铜时代
Bronze Age

约4000~2800年前
B.P. 4000-2800

相当于中原地区的夏到春秋早期，正是北方游牧民族形成、发展之际。呼伦贝尔草原是北方草原青铜文化遗存的主要分布区之一，具有浓厚的地方风格。

The Bronze Age in Hailar District was roughly equal to the Xia Dynasty and early stage of Spring and Autunm Period in Central Plains when the northern nomadic people formed and developed. Remains of the Bronze age in north grassland were mainly distributed in the Hulunbuir Grassland, which had strong regional style.

陶罐
Pottery Jar

青铜时代
高10.5、口径14.8、底径9厘米
Bronze Age
Height 10.5cm; Mouth Diameter 14.8cm; Bottom Diameter 9cm

1979年牧管局机井队与巴克西七队之间路北采集
呼伦贝尔民族博物院藏

手制。夹砂黑陶，陶质较硬，胎体略厚，素面。敞口，短颈，平底。颈下有一对横耳、一对竖耳，底部与腹部大部分残缺。

陶鬲
Pottery Li (Cauldron for Cooking Meat and Cereals, Similar to Tripod but with Hollow legs)

东周
高28、口径30、腿高9.5厘米
Eastern Zhou Period
Height 28cm; Mouth Diameter 30cm; Height of the Legs 9.5cm

1988年海拉尔区松山遗址出土
呼伦贝尔民族博物院藏

　　手制。整体呈红褐色，外壁间杂黑灰色。圆唇外敞，微束颈，三足鼎状，足部内空。口沿外侧饰一周绳纹，颈部饰窝点纹。一腿残。

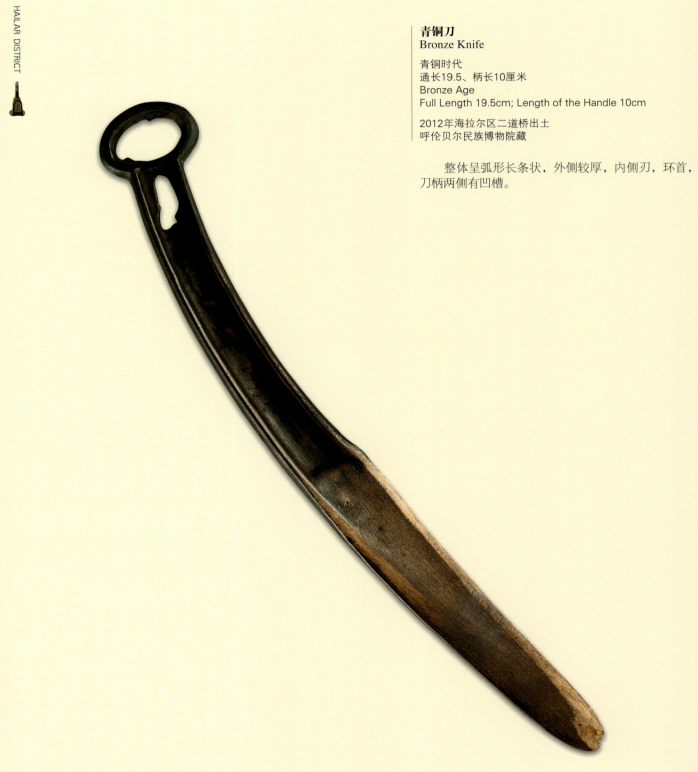

青铜刀
Bronze Knife

青铜时代
通长19.5、柄长10厘米
Bronze Age
Full Length 19.5cm; Length of the Handle 10cm

2012年海拉尔区二道桥出土
呼伦贝尔民族博物院藏

　　整体呈弧形长条状，外侧较厚，内侧刃，环首，刀柄两侧有凹槽。

铜扣
Bronze Buttons

春秋战国
直径2.5~3、厚0.4~0.5厘米
Eastern Zhou Period
Diameter 2.5–3cm; Thickness 0.4–0.5cm

1988年海拉尔区松山遗址出土
呼伦贝尔民族博物院藏

　　二件。器体扁薄，呈圆形，正面略凸，背面凹槽上有
一拱形纽。表面光滑，略有锈蚀。

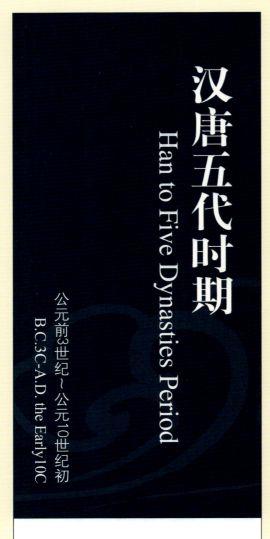

汉唐五代时期
Han to Five Dynasties Period

公元前3世纪～公元10世纪初
B.C.3C-A.D. the Early 10C

　　团结墓地是拓跋鲜卑走出大兴安岭的重要遗存。谢尔塔拉墓地是呼伦贝尔草原一处重要的隋唐五代时期室韦人的遗存，丰富了晚唐五代时期生活在呼伦贝尔草原的室韦的社会、经济、民俗等资料。

Tuanjie Site was an important place after Xianbei people migrated from the Greater Khingan Mountains. Sirtala cemetery was an important place of Shiwei people in the Hulunbuir Grassland in Sui, Tang and Five Dynasties Period, which provided social, economic and folkloric materials of Shiwei people in the Hulunbuir Grassland in Late Tang and Five Dynasties Period.

铜饰
Bronze Ornaments

秦汉时期
上：长1.3、宽0.8、厚0.3厘米
中：长1.9、宽0.7、厚0.5厘米
下：最长2.7、宽0.8、厚0.7厘米
Qin and Han Period
Upper: Length 1.3cm; Width 0.8cm; Thickness 0.3cm
Middle: Length 1.9cm; Width 0.7cm; Thickness 0.5cm
Lower: Length less than 2.7cm; Width 0.8cm; Thickness 0.7cm

1998年海拉尔区谢尔塔拉采集
呼伦贝尔民族博物院藏

　　三件。铜质，呈黄绿色。上件为长方铜条卷成半圆状焊接而成；中件为中间相连的双筒状；下件为中间相连的三筒状，其中一空筒部残。

团结墓地 位于海拉尔区以东20公里的哈克镇团结村西约0.5公里处的海拉尔河南岸台地上，地理坐标为北纬49°14′40″，东经120°00′50.1″。海拉尔河南岸台地较为平坦，墓地所在地的地势较高，呈缓坡状。2001年8月21日，团结村村民取土时发现多座墓葬，呼伦贝尔市民族博物馆、海拉尔区文物管理所及相关旗市文物管理所业务人员组成考古队，对该墓地进行抢救性清理发掘，历时20天，清理墓葬7座（编号HTM1~HTM7）。此外，在墓地调查中，共采集陶器5件。

2006年9月4日，该遗址被批准为内蒙古自治区第四批文物保护单位。2013年，被批准为第七批全国重点文物保护单位。

团结墓地周边环境
The Surroundings of the Tuanjie Cemetery

团结墓地（由东往西）
The Tuanjie Cemetery (From East to West)

团结墓地（由东往西）
The Tuanjie Cemetery (From East to West)

团结墓地的文化内涵（见表1），与扎赉诺尔、拉布大林、伊敏河鲜卑墓群，均有许多相似或相同之处，是拓跋鲜卑走出大兴安岭南迁时留下的遗存。团结墓地年代应与伊敏河鲜卑墓地相近或略早，其上限约当东汉中晚期。

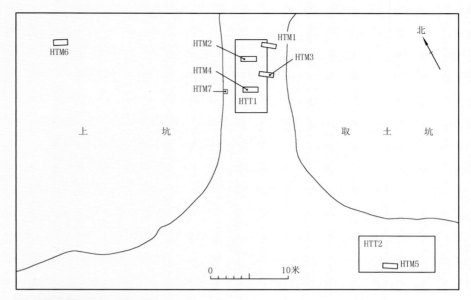

团结墓地墓葬分布示意图
The Distribution of the Tuanjie Cemetery

表1 团结墓地墓葬登记表

墓号	墓葬形制	墓向	墓室尺寸（米）长×宽-深	葬式	年龄性别	殉牲	随葬品	备注
HTM1	长方形竖穴土坑墓	307°	2.3×0.58-0.8	仰身直肢，不见双手和部分脚骨	50±男性	无	双耳侈口陶罐1	有二层台、尸身下有垫土
HTM2	长方形竖穴土坑墓	298°	2.3×0.8-0.9	仰身直肢，面向东北	40±女性	马头1	无	
HTM3	长方形竖穴土坑墓	303°	2.0×0.6-0.9	仅存下颌骨、锁骨、部分右上肢、部分左腿骨		无	残铁镞（？）	尸身下有垫土
HTM4	长方形竖穴土坑墓	292°	2.1×0.7-0.8	仅存一根腿骨		无	无	尸身下有垫土
HTM5	长方形竖穴土坑墓	305°	2.05×0.6-1.16	仰身屈肢，右小腿斜压在左小腿之上，不见手足	45±女性	牛头1牛蹄2	侈口陶罐1、鼓腹陶罐1、铜耳饰1、珠饰3	牛头放在墓壁龛中
HTM6	长方形竖穴土坑墓	320°	2.23×0.6-0.5	仰身直肢，面向西，左腿略屈，不见双手和双足	成年男性	牛头1	侈口陶罐1	有二层台
HTM7	长方形竖穴土坑墓		深约0.8			羊头1	侈口陶罐1	

陶罐
Pottery Jar

鲜卑时期
高13.2、口径10.5、腹径12、底径7.5厘米
Xianbei Period
Height 13.2cm; Mouth Diameter 10.5cm; Belly Diameter
12cm; Bottom Diameter 7.5cm

2001年海拉尔区哈克镇团结村鲜卑墓采集
呼伦贝尔民族博物院藏

　　手制。夹砂黑陶，陶质细密，胎体稍厚。敞口，
方圆唇，短束颈，弧肩曲腹，圈足外撇。颈部饰附加堆
纹，其上戳压一排窝点纹。

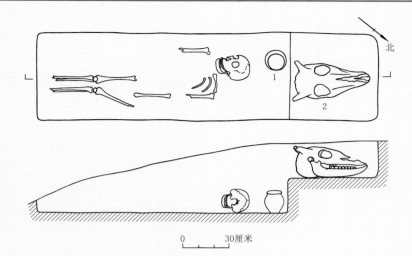

1. 侈口陶罐　　2. 牛头骨

团结墓地HTM6平、剖面图
The Plan and Profile of Tomb HTM6 of the
Tuanjie Cemetery

陶罐
Pottery Jar

鲜卑时期
高18.8、口径13.4、腹径12.5、底径7.4厘米
Xianbei Period
Height 18.8cm; Mouth Diameter 13.4cm; Belly Diameter
12.5cm; Bottom Diameter 7.4cm

2001年海拉尔区哈克镇团结村鲜卑墓M6出土
呼伦贝尔民族博物院藏

　　手制。泥质灰褐陶。敞口，方唇，束颈，腹部
微鼓，平底。颈下有一圈附加堆纹，上有戳印纹。外
壁有烟熏痕迹，内壁夹杂少量草根。

陶罐
Pottery Jar

鲜卑时期
高14、口径11.5、腹径12.5、底径5.8厘米
Xianbei Period
Height 14cm; Mouth Diameter 11.5cm; Belly Diameter 12.5cm; Bottom Diameter 5.8cm

2001年海拉尔区哈克镇团结村鲜卑墓采集
呼伦贝尔民族博物院藏

　　手制。黑褐色夹砂陶，胎体薄。敞口，圆唇，束颈，鼓腹，平底。颈下有一圈凸弦纹，上有戳印纹，外壁有火烧痕迹。口残。

陶罐
Pottery Jar

鲜卑时期
高12.3、口径11、腹径10.2、底径6.2厘米
Xianbei Period
Height 12.3cm; Mouth Diameter 11cm; Belly Diameter
10.2cm; Bottom Diameter 6.2cm

2001年海拉尔区哈克镇团结村鲜卑墓采集
呼伦贝尔民族博物院藏

　　手制。夹砂黑陶。敞口，尖圆唇，束颈，溜
肩，鼓腹向下内收，平底。颈下有一周凸弦纹，外
壁有烟熏痕迹。器体有裂纹。

陶罐
Pottery Jar

鲜卑时期
高11.5、口径8.5、腹径11、底径5.5厘米
Xianbei Period
Height 11.5cm; Mouth Diameter 8.5cm;
Belly Diameter 11cm; Bottom Diameter 5.5cm

2001年海拉尔区哈克镇团结村鲜卑墓采集
呼伦贝尔民族博物院藏

　　手制。黑色夹砂陶，胎体较厚。敞口，圆
唇，束颈，鼓腹，平底。颈下有一圈篦点纹，外壁
有火烧痕迹。口残。

陶罐
Pottery Jar

鲜卑时期
高12、口径7、腹径11.8、底径6.7厘米
Xianbei Period
Height 12cm; Mouth Diameter 7cm; Belly Diameter 11.8cm;
Bottom Diameter 6.7cm

2001年海拉尔区哈克镇团结村鲜卑墓采集
呼伦贝尔民族博物院藏

　　手制。夹砂褐陶。敞口，方唇，折肩鼓腹，平底。素面。

陶罐
Pottery Jar

汉代
残高8、腹径8.4、底径5厘米
Han Dynasty
Height of the Remains 8cm; Belly Diameter 8.4cm;
Bottom Diameter 5cm

2001年海拉尔区哈克镇团结村鲜卑墓采集
哈克遗址博物馆藏

　　手制。泥质灰陶，胎体较厚。鼓腹，腹下斜直内收于底，表面不平整，底部略内凹，素面。口部、颈部残。

陶罐
Pottery Jar

汉代
高16.5、口径17、腹径13.5 、底径9厘米
Han Dynasty
Height 16.5cm; Mouth Diameter 17cm; Belly Diameter 13.5cm;
Bottom Diameter 9cm

2009年海拉尔区哈克镇团结村征集
哈克遗址博物馆藏

　　手制。夹砂陶，含云母，器体呈灰黑色。敞口，圆唇，束颈，鼓腹向内斜收至底，底部内凹。口沿下饰两周凸弦纹，颈部有一周波浪纹。口残。

陶罐
Pottery Jar

汉代
高15.8、口径13.1、腹径12.6、底径7厘米
Han Dynasty
Height 15.8cm; Mouth Diameter 13.1cm; Belly Diameter
12.6cm; Bottom Diameter 7cm

2009年海拉尔区哈克镇团结村采集
哈克遗址博物馆藏

　　手制。夹砂黑陶，胎体较厚。直口，圆唇，腹部微
鼓，腹部以下渐收，凹底。颈部到腹部饰戳印纹三周。

鸣镝
Whistling Arrow

汉代
长6.5、宽1.7、最厚1.7厘米
Han Dynasty
Length 6.5cm; Width 1.7cm; Thickness less than 1.7cm

2009年海拉尔区哈克镇团结村采集
哈克遗址博物馆藏

　　镞体扁薄，两侧斜直，前端较宽，呈倒三角状内凹，形成燕尾式尖锋，尾端为细锥状铤插入骨质鸣镝内。

铜环与长条形铜饰
Bronze Ring and Bronze Strip-shaped Ornament

汉代
左：外径3.7、内径2.8厘米
右：长5.1、宽1.2厘米
Han Dynasty
Left: Exterior Diameter 3.7cm; Interior Diameter 2.8cm
Right: Length 5.1cm; Width 1.2cm

1985年海拉尔水泥厂铁路桥北墓葬采集
呼伦贝尔民族博物院藏

　　二件。左侧为铜环，环体粗细不均，横截面呈圆形。右侧为长条形铜饰，一端稍窄，另一端略宽；一面外鼓，另一面有凹槽，中部和稍窄一端有横梁纽。

谢尔塔拉墓地 位于海拉尔区谢尔塔拉镇东约5公里的台地上，西南距海拉尔区15公里，南距海拉尔河2公里，谢尔塔拉墓地面积1万余平方米，北部和中部保存较好，南部有多道深浅不一的冲沟，墓地破坏严重。1998年9～10月，中国社会科学院考古研究所与呼伦贝尔盟民族博物馆、海拉尔区文物管理所联合发掘了谢尔塔拉墓地，清理不同规格的墓葬10座，出土金、银、铜、铁、陶、桦树皮器等文物200余件。根据碳十四测定年代数据及文化内涵分析，该墓地年代约为公元9～10世纪。经国家文物局正式批准，2013年8~9月，本项目对谢尔塔拉墓地进行大规模钻探，共钻探24200平方米，对1998年发掘区附近进行重点反复钻探，在墓地西北部又发现三座墓葬。

　　谢尔塔拉墓地是呼伦贝尔草原一处重要的隋唐五代时期室韦人的遗存，不仅为研究晚唐五代时期生活在呼伦贝尔草原的室韦民族的社会、经济、民俗等情况提供了丰富资料，而且也为研究晚唐五代时期北方民族文化遗存及其与境外相关地区的文化联系提供弥足珍贵的资料。

谢尔塔拉墓地（山西往东）
Sittala Cemetery (From West to East)

谢尔塔拉墓地（由西南往东北）
Sirtala Cemetery (From Southwest to Northeast)

谢尔塔拉墓地西北侧有一隆起的山岗，东侧和东南侧地势平坦开阔，现为牧场，南侧为较低的草滩地，墓地以草原及沙地为主。20世纪80年代，在遗址的西南角建了800平方米左右的油库，北侧建有约60平方米的民居住宅。以墓地为中心在方圆10000平方米左右的地区修建了围栏，为绝对保护地带，并在墓地西侧立了一座保护标志碑，对该墓地进行有效的保护。

谢尔塔拉墓地远景（由西北往东南）
Vista of the Sirtala Cemetery (From Northwest to Southeast)

谢尔塔拉墓地（由西往东）
Sirtala Cemetery (From West to East)

上图　谢尔塔拉墓地T1发掘现场（由西往东）
Excavation of T1 of the Sirtala Cemetery (From West to East)

下图　谢尔塔拉墓地T2～T4发掘现场（由东往西）
Excavation of T2-T4 of the Sirtala Cemetery (From East to West)

N

M11

谢尔塔拉墓地2013年考古发掘区
Excavation of Sirtala Cemetery in 2013

谢尔塔拉M11为长方形竖穴土坑墓，墓口长190、宽85～88厘米。墓葬方向为130°。墓室内放置一具长方形木棺，木棺有盖无底，木棺外有椁（因该墓尚未发掘完成，具体形制有待进一步讨论）。椁盖板由3块长条形木板沿纵向拼对而成，表面有大面积黑色痕迹，椁盖板整体提取保存。木棺内侧长161～166、宽70～74厘米。木棺左右及头端木板表面有大面积纺织物。

墓主人侧身屈肢，头向朝西北，面向朝西南。身体向右侧躺。

随葬品有陶罐1件，铁矛1件，玉环2件，桦树皮箭囊1件，箭镞若干，木柄铁刀1把，桦树皮器1件（未清理完）。

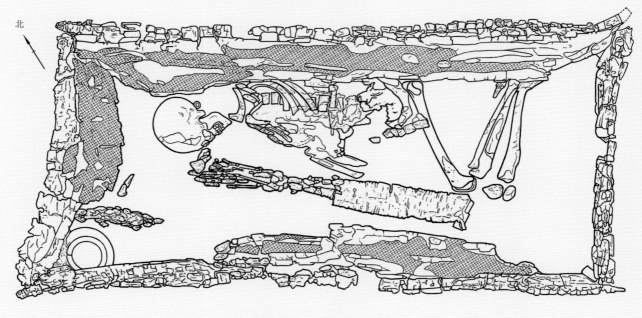

北

0   20厘米

MHXM11遗迹平面图
The Plan of MHXM11

谢尔塔拉M11棺顶板
Cover of the Coffin of Tomb M11 of Sirtala Cemetery

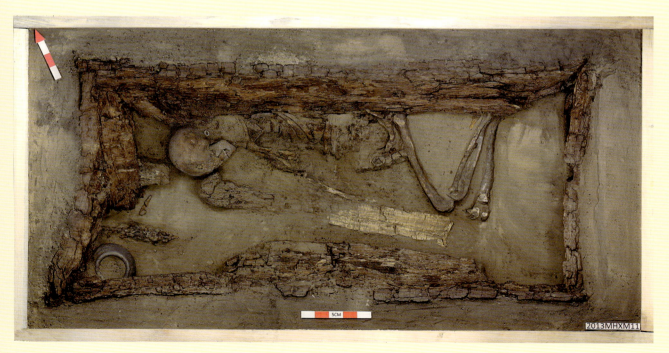

谢尔塔拉M11
Tomb M11 of Sirtala Cemetery

谢尔塔拉M12
Tomb M12 of Sirtala Cemetery

谢尔塔拉M12为长方形竖穴土坑墓，墓口长145、宽67～72厘米。墓葬方向为122°。墓室内放置一具长方形木棺，木棺有盖无底。棺盖板由3块长条形木板沿纵向拼对面成，中间木板表面呈黑色，有似火烧过的痕迹。木棺内侧长139～141、宽58～66厘米。

墓主人侧身屈肢，头向朝东南，面向朝西北。身体向右侧躺。

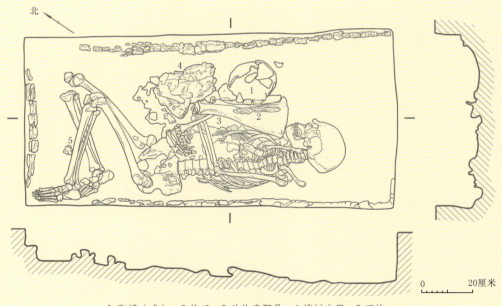

1.陶罐（残）；2.铁刀；3.动物肩胛骨；4.桦树皮器；5.石块

MHXM12遗迹平、剖面图
The Plan and Profile of MHXM12

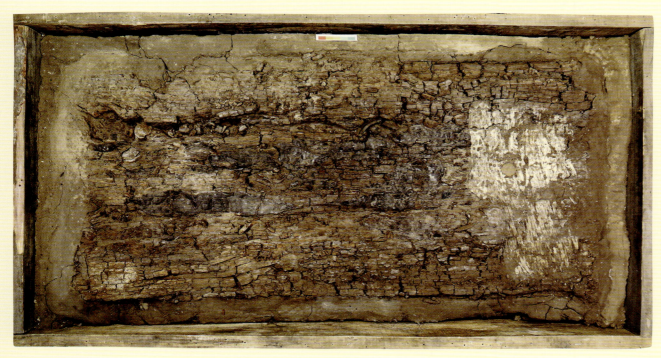

谢尔塔拉M12棺顶板
Cover of the Coffin of Tomb M12 of Sirtala Cemetery

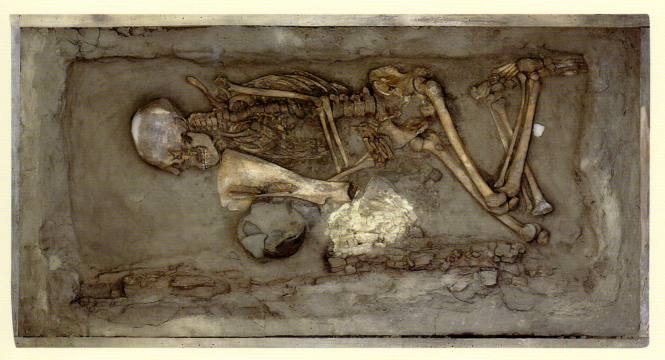

谢尔塔拉M12
Tomb M12 of Sirtala Cemetery

实验室考古工作清理现场
Archaeological Cleaning in Laboratory

领导专家现场指导工作
Leaders and Experts' Guidance

谢尔塔拉M13为长方形竖穴土坑墓，墓口长169、宽70～77厘米。墓葬方向为115°。墓室内放置一具长方形木棺，木棺有盖无底，头端板迹象不明显。棺盖板由4块长条形木板沿纵向拼对而成，棺盖板表面有黑色、似火烧过的痕迹。木棺内侧长165、宽58～67厘米。

墓主人侧身屈肢，头向朝西北，面向朝西南。身体向右侧躺，左臂弯曲，放置于胸前。

随葬品共8件，墓主人头部与棺顶板之间依次放置陶罐1件、桦树皮罐1件、漆器1件，胸前放置动物肩胛骨1件，肩胛骨上放置木柄铁刀1把，腹部前方放置木柄铁刀1把，左脚踝后侧放置穿孔珠子1枚。

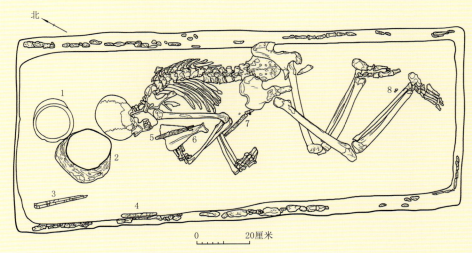

0　　　　20厘米

1.陶罐；2.桦树皮罐；3.漆器（残）；4.铁刀；
5.木柄铁刀（残）；6.动物肩胛骨；7.木柄铁刀（残）；8.珠子（碎）

MHXM13遗迹平面图
The Plan of MHXM13

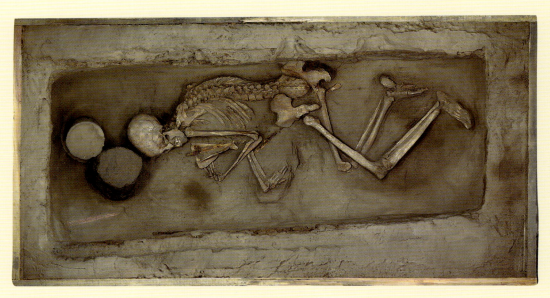

谢尔塔拉M13
Tomb M13 of Sirtala Cemetery

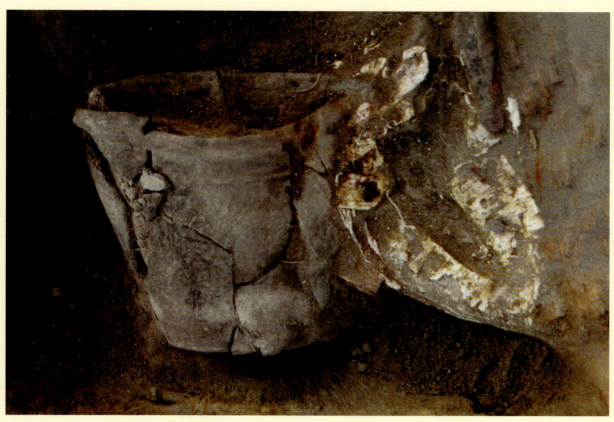

谢尔塔拉墓地M1墓主头部东南侧陶罐和桦树皮罐（由东北往西南）
Pottery Jar and Birch-bark Jar on the Southeast Side of the Occupant's Skull of
Tomb M1 in the Sirtala Cemetery (From Northeast to Southwest)

陶罐
Pottery Jar

隋唐时期
通高18.6、口径16、底径10厘米
Sui and Tang Period
Full Height 18.6cm; Mouth Diameter 16cm;
Bottom Diameter 10cm

1997年海拉尔区谢尔塔拉墓地M1出土
呼伦贝尔民族博物院藏

　　手制。呈灰褐色，夹杂有灰黑色。夹细砂，陶质
疏松，胎体略厚，采用四重泥圈套接而成，壁包衣。敞
口，外叠圈唇，较厚，斜弧腹。颈部附加一周较窄的凸
泥带，腹壁施以密集方格纹，施纹后腹壁经过抹光处
理，纹痕深浅不一。有明显使用痕迹。

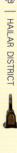

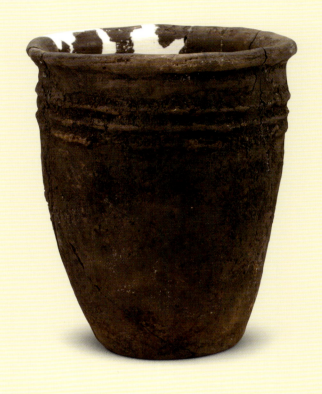

陶罐
Pottery Jar

隋唐时期
通高17.4、口径14.5、底径7.6厘米
Sui and Tang Period
Full Height 17.4cm;
Mouth Diameter 14.5cm;
Bottom Diameter 7.6cm

1998年海拉尔区谢尔塔拉墓地M8出土
呼伦贝尔民族博物院藏

　　手制，夹砂。敞口，方唇，沿面外折，腹壁斜直外敞，底面微凹。颈部附加三周窄泥带，其两侧腹壁均施以密集的压印方格纹，施纹后局部经过抹光处理，偏上侧压痕较深，下侧不明显，底面亦压印有少量的方格纹。

谢尔塔拉墓地M8人骨及随葬品（由东北往西南）
The Skeleton and Funerary Objects of Tomb M8 in the
Sirtala Cemetery (From Northeast to Southwest)

谢尔塔拉墓地M9墓主人头部周围的陶罐和桦树皮罐（由西北往东南）

Pottery Jar and Birch-bark Jar Beside the Occupant's Skull of Tomb M9 in the Sirtala Cemetery (From Northwest to Southeast)

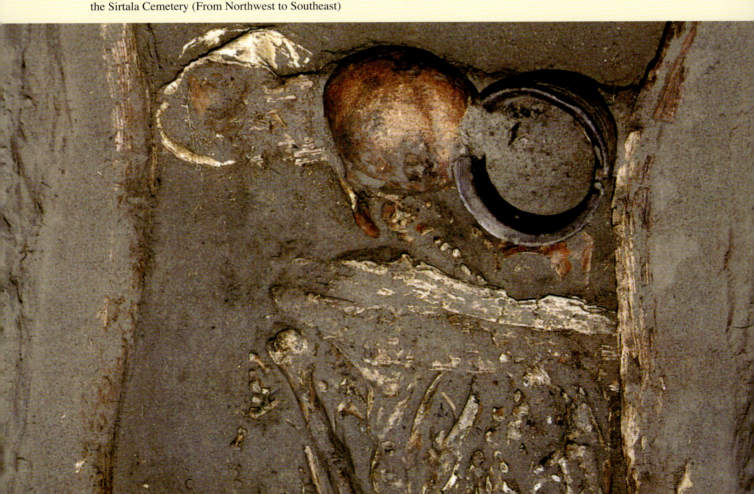

陶罐

Pottery Jar

隋唐时期
通高17.2、口径15、底径8.4厘米
Sui and Tang Period
Full Height 17.2cm; Mouth Diameter 15cm;
Bottom Diameter 8.4cm

1998年海拉尔区谢尔塔拉墓地M9出土
呼伦贝尔民族博物院藏

　　手制。夹砂，内外壁均为灰黑色。敞口，方唇，沿面外折，斜弧腹，底面微凹。唇下为素面，颈部附加两周窄泥带，腹部纹饰为密集的压印方格纹，近底部压痕较浅。

陶罐

Pottery Jar

隋唐时期
高14.4、口径13.4、腹径12.4、底径9.5厘米
Sui and Tang Period
Height 14.4cm; Mouth Diameter 13.4cm; Belly Diameter 12.4cm;
Bottom Diameter 9.5cm

2014年海拉尔区谢尔塔拉五队出土
呼伦贝尔民族博物院藏

　　手制。夹砂，陶质较硬，胎体略厚。敞口，方唇，长腹，平底，中部内凹。口沿下有一周附加堆纹，通体素面，外部有一层明显的烟熏痕迹。

陶壶
Pottery Vessel

隋唐时期
高29.5、口径13、腹径19、底径8.5厘米
Sui and Tang Period
Height 29.5cm; Mouth Diameter 13cm; Belly Diameter 19cm;
Bottom Diameter 8.5cm

2014年海拉尔区谢尔塔拉五队出土
呼伦贝尔民族博物院藏

轮制。泥质黄褐色陶。敞口，卷沿，圆唇，部分口沿
残缺，束颈，溜肩，鼓腹，底部不平。通体素面。

陶壶
Pottery Vessel

隋唐时期
通高24.2、口径12.4、腹径18、底径9厘米
Sui and Tang Period
Full Height 24.2cm; Mouth Diameter 12.4cm; Belly Diameter
18cm; Bottom Diameter 9cm

1998年海拉尔区谢尔塔拉墓地M4出土
呼伦贝尔民族博物院藏

　　轮制。夹细砂。口微敞，圆唇外凸，颈部略外敞，
圆鼓腹，最大腹径在中部略偏上，微凹底。肩部施一排
或两排倒三角形纹，腹壁施以较疏朗的横排短竖线纹，
底面施以密集的凹弦纹。

陶壶
Pottery Vessel

隋唐时期
高26.4、口径13.8、腹径19、底径10.8厘米
Sui and Tang Period
Height 26.4cm; Mouth Diameter 13.8cm; Belly Diameter
19cm; Bottom Diameter 10.8cm

1998年海拉尔区谢尔塔拉墓地M6出土
哈克遗址博物馆藏

　　轮制。泥质黑陶，胎体较硬，厚薄均匀。敞口，圆唇外卷，高颈外撇，鼓肩，下腹部渐收，平底。颈部戳印窝点纹一周，肩部戳印窝点纹两周，间隔凸弦纹数周，腹部至底部均匀分布五周较疏朗的刻划短竖线纹，底部正中附加一蛇形细泥条。

陶壶
Pottery Vessel

隋唐时期
高21.2、口径11、腹径17.8、底径11厘米
Sui and Tang Period
Height 21.2cm; Mouth Diameter 11cm; Belly Diameter 17.8cm;
Bottom Diameter 11cm

1998年海拉尔区谢尔塔拉墓地M8出土
呼伦贝尔民族博物院藏

　　轮制，夹细砂。口微敞，圆唇，明显外凸，短竖颈，圆鼓腹，最大腹径在中部，凹底。肩部施一或二排倒三角形纹，主体纹饰为较疏朗的横排短竖线纹，近底部夹杂有短横线纹。

陶壶
Pottery Vessel

隋唐时期
高21.8、口径10.8、腹径12.5、底径7.3厘米
Sui and Tang Period
Height 21.8cm; Mouth Diameter 10.8cm; Belly Diameter 12.5cm;
Bottom Diameter 7.3cm

1998年海拉尔区谢尔塔拉采集
哈克遗址博物馆藏

　　呈灰褐色。敞口，圆唇，长束颈，溜肩，弧腹，平底。下部环绕瓶身布满短竖线纹。

陶壶
Pottery Vessel

隋唐时期
高14.7、口径7、腹径10.2、底径6厘米
Sui and Tang Period
Height 14.7cm; Mouth Diameter 7cm;
Belly Diameter 10.2cm; Bottom Diameter 6cm

1998年海拉尔区谢尔塔拉采集
哈克遗址博物馆藏

　　轮制，夹细砂。内外壁均为灰褐色。敞口，圆唇外凸，鼓腹。底部内凹，有轮制痕迹。腹部以下饰竖向条形戳印纹，排列密集。

陶罐
Pottery Jar

隋唐时期
高19.7、口径8.2、腹径14.6、底径7.1厘米
Sui and Tang Period
Height 19.7cm; Mouth Diameter 8.2cm;
Belly Diameter 14.6cm; Bottom Diameter 7.1cm

2009年海拉尔区哈克镇征集
哈克遗址博物馆藏

　　轮制，泥质灰陶。敞口，圆唇，束颈，鼓腹。肩部与底沿各有一周凸弦纹，腹下部内收，凹底。表面抹光，下腹外壁至底部饰有戳印纹。保存完整。

汉唐五代时期 | HAN TO FIVE DYNASTIES PERIOD

木杯
Wooden Cup

隋唐时期
高5.8、口径6.1、底径3.9厘米
Sui and Tang Period
Height 5.8cm; Mouth Diameter 6.1cm; Bottom Diameter 3.9cm

1998年海拉尔区谢尔塔拉墓地M6出土
呼伦贝尔民族博物院藏

　　呈深褐色，独木旋制。口微敛，窄方唇，斜弧腹，平底。底面刻有两周圆环纹，腹下部及内底部有较多残损裂纹。

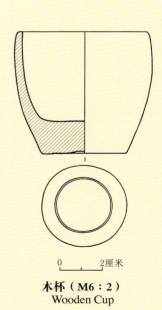

0 ⊢——⊣ 2厘米

木杯（M6：2）
Wooden Cup

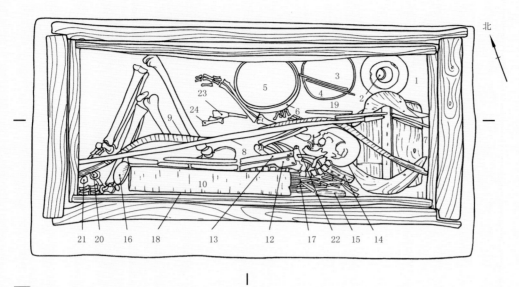

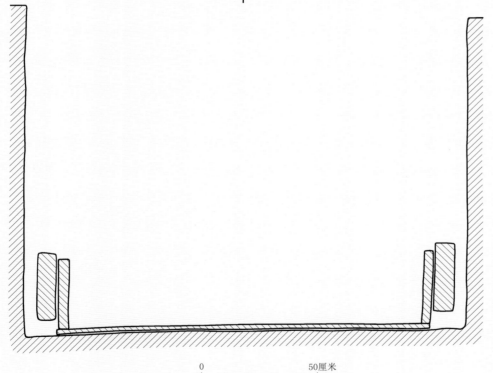

1. 陶壶　2. 木杯　3、5. 木盘　4. 木箸　6. 铁盘　7. 长条形木器　8. A型铁矛　9. A型缠桦树皮木弓
10. 桦树皮箭囊　11. 马鞍　12～15、18. 箭囊外侧的刻纹木板　16. 箭囊木底　17. 铁镞　19. 长条形木器　20. 残木器
21. 石块　22. 残铁器　23. 铁刀　24. 羊肩胛骨

谢尔塔拉墓地M6平、剖面图
The Plan and Profile of Tomb M6 of the Sirtala Cemetery

谢尔塔拉墓地M6椁盖板
The Outer Coffin's Lid Plank of
Tomb M6 of the Sirtala Cemetery

谢尔塔拉墓地M6椁盖板
The Outer Coffin's Lid Plank of
Tomb M6 of the Sirtala Cemetery

木盘
Wooden Plate

隋唐时期
高4.8、口径22~24.8、底径12厘米
Sui and Tang Period
Height 4.8cm; Mouth Diameter 22-24.8cm; Bottom Diameter 12cm

1998年海拉尔区谢尔塔拉墓地M6出土
呼伦贝尔民族博物院藏

　　呈红褐色，独木旋制。盘口近圆形，方圆唇，斜弧腹，较浅，底部有一矮圈足。底部以单线刻划奔鹿形象，鹿头部微仰，吻部前伸，双耳呈圆尖状竖起，身部较长，尾部上翘。盘口部有残缺，盘身有残损裂纹。

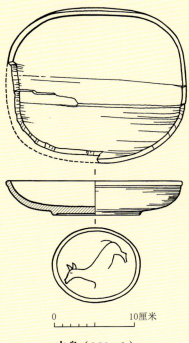

木盘（**M6：3**）
Wooden Plate

谢尔塔拉墓地M6东南部人骨及随葬品（由西北往东南）
The Skeleton and Funerary Objects in the Southeast of Tomb M6
of the Sirtala Cemetery (From Northwest to Southeast)

木箸
Wooden Chopsticks

隋唐时期
上：长27厘米；下：长28厘米
Sui and Tang Period
Upper: Length 27cm
Lower: Length 28cm

1998年海拉尔区谢尔塔拉墓地M6出土
呼伦贝尔民族博物院藏

　　一双。呈深褐色。器体呈细长条状，中部略粗，横截面近方圆形；两端渐细，横截面呈圆形，两端面较平。

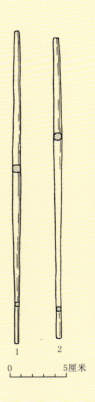

木箸（M6：4）
Wooden Chopsticks

木盘残块
Fragments of Wooden Plates

隋唐时期
长1.5~13、宽1~9、厚0.2~0.7厘米
Sui and Tang Period
Length 1.5–13cm; Width 1–9cm;
Thickness 0.2–0.7cm

1998年海拉尔区谢尔塔拉墓地M6出土
呼伦贝尔民族博物院藏

　　褐色，腐蚀严重。木盘外包铁，尖圆唇。

马鞍
Horse Saddle with Panels

隋唐时期
前鞒高20.4、鞒口宽26.6厘米
后鞒高18、鞒口宽32厘米
鞍鞯长38.8~44.6、宽12~15.8厘米
Sui and Tang Period
Front Cantle: Height 20.4cm; Width 26.6cm
Rear Cantle: Height 18cm; Width 32cm
Saddle with Cloth: Length 38.8–44.6cm; Width 12–15.8cm

1998年海拉尔区谢尔塔拉墓地M6出土
呼伦贝尔民族博物院藏

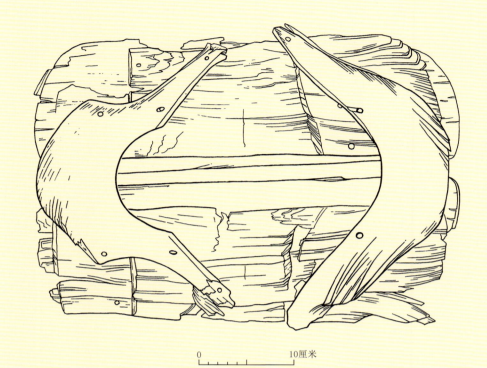

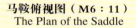

0   10厘米

马鞍俯视图（M6∶11）
The Plan of the Saddle

　　木质。有火烧的痕迹，由前鞍鞒、后鞍鞒、鞍韂组成。前鞍略高、稍窄，顶部较薄，呈外凸弧形，至下端渐厚，两侧中部略内凹，下端斜直外敞，鞒体两侧对称分布六个圆形钻孔，背面有四个钻孔，两孔分布在鞍顶部正中，两孔分布在鞒体两侧偏中。后鞍鞒略矮，顶部较薄，呈弧形，中部渐厚，两侧外敞，正面内侧分布三个钻孔，其中两孔对称分布在鞒体内侧中部，一孔在端尾处，背面分布五个钻孔。鞍韂由两部分组成，上端由两块长方形木板组成，木板中部较厚，两端削薄，鞍韂两侧较直，两端作斜弧状，靠近内外部边缘及中部均有多个钻孔，用于固定。下层垫有形状相近的桦树皮垫。

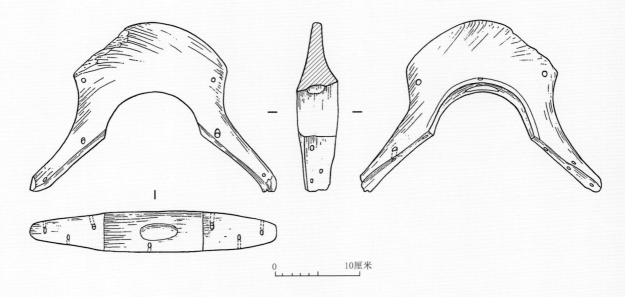

马鞍前鞍鞒（M6：11）
Pommel

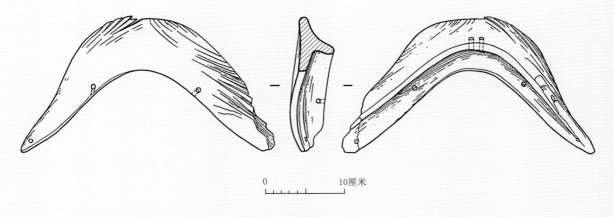

马鞍后鞍鞒（M6：11）
Cantle

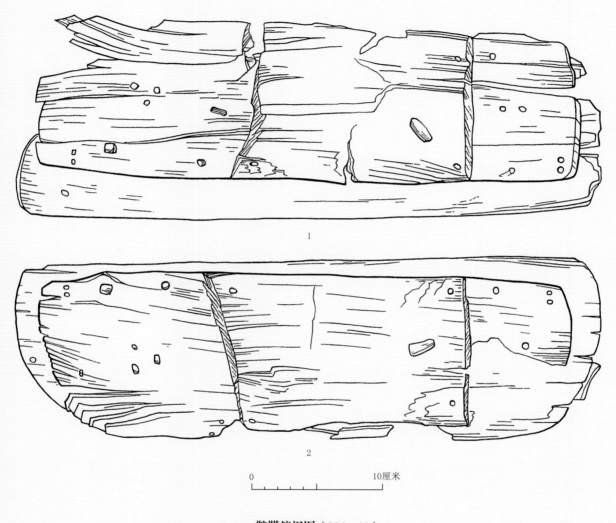

1

2

0   10厘米

鞍鞒俯视图（M6：11）
The Plan and Profile of the Panels

谢尔塔拉墓地M6墓主人头枕马鞍（由西北往东南）
The Occupant Resting on a Saddle in Tomb M6 of the
Sirtala Cemetery (From Northwest to Southeast)

鞍鞯
Panels of Horse Saddle

隋唐时期
上：长48.2、宽10.6~15.8厘米
下：长50、宽11.4~15.2厘米
Sui and Tang Period
Upper: Length 48.2cm; Width 10.6–15.8cm
Lower: Length 50cm; Width 11.4–15.2cm

1998年海拉尔区谢尔塔拉墓地M7出土
呼伦贝尔民族博物院藏

　　鞍鞯系由两层桦树皮对折而成，其中一件两端略窄，中部稍宽，里侧及前端较直，外侧及后端呈斜弧状，靠近里侧边缘的前后两端各有两个钻孔。另一件里侧较直，前端外侧较直、略窄，近方形，中、后端外侧呈斜弧状，中部略宽，靠近里侧边缘的前端有两个钻孔，后端有四个钻孔。

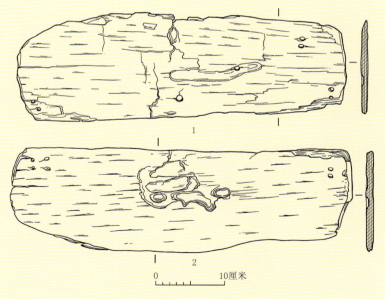

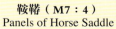

鞍鞯（M7：4）
Panels of Horse Saddle

谢尔塔拉墓地M7位于墓地中部，长方形竖穴土坑墓。墓葬填土呈黑灰色，夹杂有黄色斑块，土质较松软。墓口长190、宽91~92厘米，墓口距地表深103厘米，墓底距墓口深126~130厘米。墓葬方向为130°。墓室内放置一具长方形木棺，木棺有盖无底。（图①）

棺盖板由8块较短的木板横向拼对而成，上面铺盖一层桦树皮。在桦树皮中部偏下有一纵排较整齐的小圆孔，桦树皮是缝合而成。（图②~④）

① 谢尔塔拉墓地M7开口平面（由东北往西南）
The Plan View of the Tomb M7 of Sirtala Cemetery (From Northeast to Southwest)

② 谢尔塔拉墓地M7棺盖板清理现场（由西南往东北）
Excavation of Coffin Cover of the Tomb M7 of Sirtala Cemetery
(From Southwest to Northeast)

③ 谢尔塔拉墓地M7棺盖板上缝合的桦树皮局部（由西南往东北）
Details of Birch-bark Sewed on the Coffin of the Tomb M7 of Sirtala Cemetery
(From Southwest to Northeast)

④ 谢尔塔拉墓地M7棺盖板（由东北往西南）
The Coffin Cover of the Tomb M7 of Sirtala Cemetery (From Northeast to Southwest)

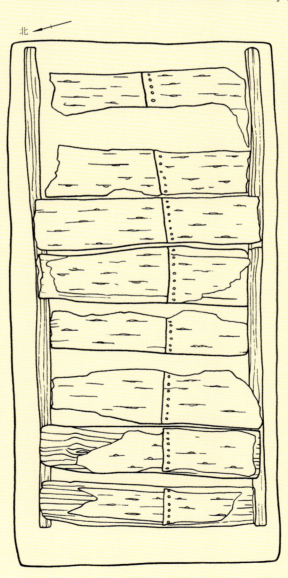

北

0   30厘米

M7棺盖板平面图
The Plan of the Coffin Cover of the
Tomb M7 of Sirtala Cemetery

谢尔塔拉墓地M7人骨及随葬品（由东北往西南）
The Skeleton and Funerary Objects of Tomb M7 in the
Sirtala Cemetery (From Northeast to Southwest)

墓主人为侧身屈肢葬，头部朝东南，面部朝北，背部倾斜，双臂弯曲于胸前，左臂肘压放在右手上，双腿交叉侧屈，左小腿搭放在右小腿上。墓主人是一位成年男性，其年龄为25~35岁。

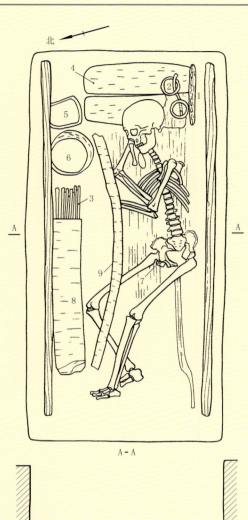

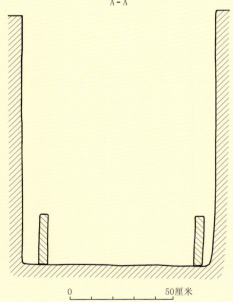

1. B型铁矛　2. 马衔　3. 铁镞　4. 桦树皮鞍鞒　5. 铁盘　6. 桦树皮罐　7. 石块　8. 桦树皮箭囊　9. B型缠桦树皮木弓

M7平、剖面图
The Plan and Profile of Tomb M7 of the Sirtala Cemetery

谢尔塔拉墓地M7墓主人头枕桦树皮鞍鞯（由西北往东南）
The Occupant Resting on a Birch-bark Saddle with Cloth in Tomb
M7 of the Sirtala Cemetery (From Northwest to Southeast)

随葬品的摆放很有规律，集中放置在墓主人头部周围及身体右侧。墓主人头前横放一件马鞍，木质鞍鞒残存一半，紧贴墓主人的脑后，桦树皮做成的鞍鞯保存完整，墓主人头部直接枕在鞍鞯上。

木棺无底板，但在底部铺有一层密集的纵向窄木条。

谢尔塔拉墓地M7墓底铺木条痕迹（由西南往东北）
The Vestige of Wooden Pieces Laid on the Ground of the Tomb M7 of the Sirtala Cemetery (From Southwest to Northeast)

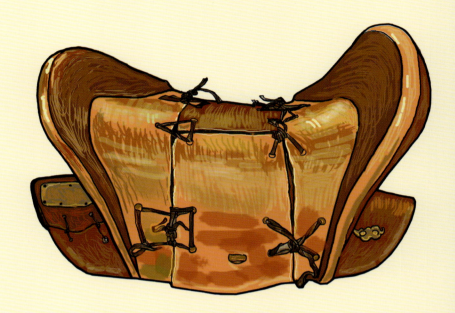

马鞍内部木架复原图
Wooden Saddle Structure

制作马鞍工具示意图
Saddle-making Tools

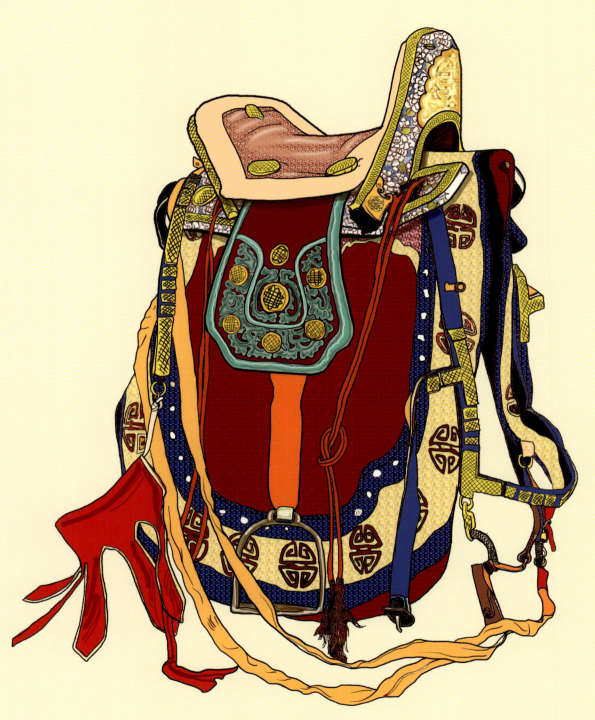

马鞍复原图
Horse Saddle

弓、箭杆
Bow and Arrow Shafts

隋唐时期
弓弦长144、箭杆长53.5~67、箭杆横截面直径0.6~1厘米
Sui and Tang Period
Bowstring: Length 144cm
Arrow Shafts: Length 53.5–67cm; Diameter of the Cross
Section 0.6–1cm

1998年海拉尔区谢尔塔拉墓地M6出土
呼伦贝尔民族博物院藏

弓，一件。木质，弣部加有鬃毛，外壁用桦树皮缠绕包裹。弓体由三段组成，中间一段较长，弣部呈内凹弧状，鬃毛附加在里侧，横截面呈方圆形，渊部扁，呈外凸弧状。另外两段较短，呈直斜状，各有一端中部呈"丫"状分开，将中间一段弓体削成薄片状的两端分别嵌入其内，外侧各用两个木钉加以固定，靠近两端弓弭的外侧有挂弦的窄凹槽，一端保存较好，另一端略残。两端各有12、12.8厘米的长度没有缠绕桦树皮。

箭杆，九件。铁镞木杆，呈深褐色。中部略粗，至两端稍细，靠近尾端略鼓，横截面呈圆形，尾部均加工出用来挂弦的"U"字形窄缺口，缺口长0.4~0.5、宽0.2厘米。

谢尔塔拉墓地M6内压放在墓主人身上的弓（由西南往东北）
A Bow on the Occupant of Tomb M6 of the Sirtala Cemetery
(From Southwest to Northeast)

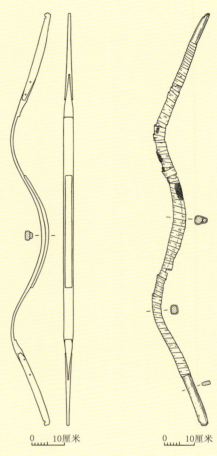

0　　10厘米

弓（M6：9）
Bow

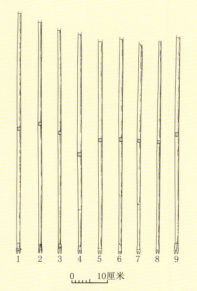

1　2　3　4　5　6　7　8　9

0　　10厘米

木质箭杆（M6：17）
Wooden Arrow Shaft

谢尔塔拉墓地M6内紧贴西南侧棺壁的桦树皮箭囊（由东北往西南）
Birch-bark Quiver Close Against the Southwestern Side Panel in Tomb M6 of
the Sirtala Cemetery (From Northeast to Southwest)

箭囊（M6：10）
Quiver

箭囊（M7：8）
Quiver

桦树皮箭囊
Quivers Made of Birch Bark

隋唐时期
上：囊体长69.5、宽7.8~10.1厘米
下：囊体长74、宽9.2~10.8厘米
Sui and Tang Period
Upper: Length of the Quiver 69.5cm; Width of the Quiver 7.8–10.1cm
Lower: Length of the Quiver 74cm; Width of the Quiver 9.2–10.8cm

1998年海拉尔区谢尔塔拉墓地出土
呼伦贝尔民族博物院藏

　　二件。呈灰白色，以桦树皮纵向缝制而成。呈长筒状，均无底，已被压扁。一件出自M7内，上部略窄，底部稍宽，内装有木杆铁箭，箭头腐蚀较严重，表面有圆形小孔，多以两个为一组，三个为一组的仅有一例。另一件出自M6内，一侧被压呈扁平状，一侧呈圆筒状，箭囊中部较窄，口部与底部较宽。

箭囊
Quiver

隋唐时期
囊体长69、宽5~10.4厘米
Sui and Tang Period
Length of the Quiver 69cm; Width of the Quiver 5–10.4cm

1998年海拉尔区谢尔塔拉墓地M4出土
呼伦贝尔民族博物院藏

　　桦树皮制成。箭囊两侧较直，底部略内收，口部及两侧边缘略残。正面有三竖排小孔，多以两孔为一组，也有的为单孔或三个孔。左侧有七孔，中部有五孔，右侧有九孔，孔径为0.2~0.3厘米。露在囊口外面的铁链及木器长36厘米。

0　　　　　　10厘米

箭囊（M4：6）
Quiver

箭囊底
Bottom of a Quiver

隋唐时期
长径9.5、短径6.6厘米
Sui and Tang Period
Bottom Diameter 6.6–9.5cm

1998年海拉尔区谢尔塔拉墓地M6出土
呼伦贝尔民族博物院藏

　　箭囊底为木质，椭圆形。下面表面
平整，有清晰的木纹，上面中部有一凹
坑，四周侧面各有一对小孔。

谢尔塔拉墓地M5人骨及随葬品（由东北向西南）
The Skeleton and Funerary Objects of Tomb M5 in the Sirtala Cemetery (From Northeast to Southwest)

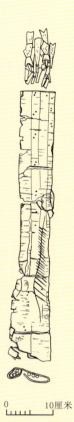

箭囊
Quiver

隋唐时期
囊体长69.5、宽7.8~10.1厘米
Sui and Tang Period
Length of the Quiver 69.5cm;
Width of the Quiver 7.8–10.1cm

1998年海拉尔区谢尔塔拉墓地M5出土
呼伦贝尔民族博物院藏

　　由两层桦树皮沿纵向对合缝制而成。箭囊中部略窄，口部及底部渐宽。囊体正面有两条平行的窄条痕，其上有对称排列的小孔，多以两个孔为一组，也有的为单孔。孔径为2~3厘米。缝缀囊体上的窄木条均已残断，其上均有缝缀孔，有的还有刻纹。

箭囊（M5：2）
Quiver

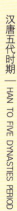

雕花木板箭囊外侧木饰条
Wooden Ornaments of Quiver

隋唐时期
左：木板残长10.2、宽3.2厘米
右：木板长11.2 、宽1.8~4.6厘米
Sui and Tang Period
Left: Length of the Remains 10.2cm; Width 3.2cm
Right: Length 11.2cm; Width 1.8–4.6cm

1998年海拉尔区谢尔塔拉墓地M6出土
呼伦贝尔民族博物院藏

　　二件。右侧木板，两面较平，一端窄长，附加有短木片；一面刻有纹饰，靠近宽端边缘有两个长方形槽，其内均刻划有横人字纹，长方形槽之上刻划有一个方形槽，其内刻划有对称的折线纹，再上刻划有一竖排较宽的横人字纹；有孔一侧木板刻划有稀疏的短线纹；钻孔分为两类，一类是直钻而成，另一类是浅槽式钻孔。左侧木板，两侧及一端平直，另一端残；两面较平，其中一面刻划有纹饰，靠近齐整一端刻划出一个较窄的长方形，其内填充竖人字纹饰，旁边刻划一排不规则的短斜线纹，其上分布有七个直钻而成的圆孔。

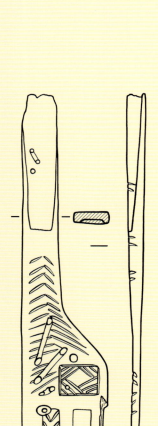

箭囊外侧木饰条（M6：12a）
Wooden Ornaments of Quiver

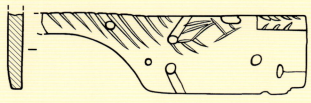

箭囊外侧木饰条（M6：12b）
Wooden Ornaments of Quiver

钻孔木板条
Perforated Wooden Objects

隋唐时期
长22.5~29、宽2~2.7、厚0.8~1.1、孔径0.1~0.3 厘米
Sui and Tang Period
Length 22.5–29cm; Width 2–2.7cm; Thickness 0.8–1.1cm;
Hole Diameter 0.1–0.3cm

1998年海拉尔区谢尔塔拉墓地M6采集
呼伦贝尔民族博物院藏

褐色。柳条削扁，钻有多个小孔。均已残。

铁矛
Iron Spear

隋唐时期
通长132、铁矛头长 8.7、木杆直径1.8~2.5厘米
Sui and Tang Period
Full Length 132cm; Length of the Spearhead 8.7cm;
Diameter of the Shaft 1.8–2.5cm

1998年海拉尔区谢尔塔拉墓地M6出土
呼伦贝尔民族博物院藏

铁头木杆。矛头呈尖锥状，尾端有圆形銎口，木
杆前端呈圆柱状，嵌入銎口内。

0   10厘米

铁矛（M6：8）
Iron Spear

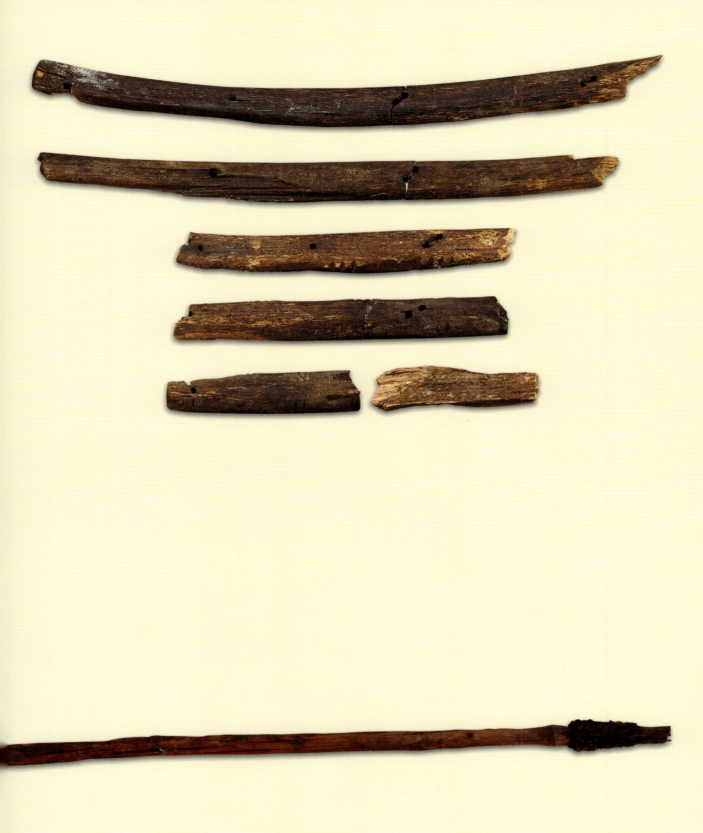

汉唐五代时期 | HAN TO FIVE DYNASTIES PERIOD

木弓柄
Remains of a Wooden Bow

隋唐时期
木板残长27.5、最宽4、 最厚1厘米
残片长0.7~9厘米
Sui and Tang Period
Length of the Remains 27.5cm; Width less than 4cm; Thickness
less than 1cm
Length of the Fragments 0.7–9cm

1998年海拉尔区谢尔塔拉墓地M6出土
呼伦贝尔民族博物院藏

整体呈弓形，中间宽厚，两端较中间尖细，表面光滑。残片共13件，多数有孔。弓柄侧面饰有刻划纹饰。

铜耳环
Bronze Earrings

隋唐时期
长3.5、宽2厘米
Sui and Tang Period
Length 3.5cm; Width 2cm

1998年海拉尔区谢尔塔拉采集
哈克遗址博物馆藏

　　一对。铜质。主体呈弯钩状，中空，内侧呈凹弧状，外侧凸出两个圆尖状小纽，下侧居中外伸出一三角扁平薄坠，周身布铜锈。

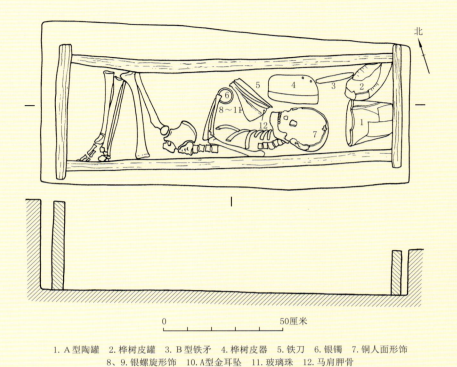

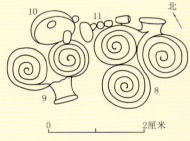

1. A型陶罐　2. 桦树皮罐　3. B型铁矛　4. 桦树皮器　5. 铁刀　6. 银镯　7. 铜人面形饰
8、9. 银螺旋形饰　10. A型金耳坠　11. 玻璃珠　12. 马肩胛骨

8、9. 银螺旋形饰　10. 金耳坠　11. 玻璃珠

M1平、剖面图
The Plan and Profile of Tomb M1

M1马肩胛骨下压放的随葬品
The Funerary Objects under a Horse's
Scapula of Tomb M1

谢尔塔拉墓地M1人骨及随葬品（由东北往西南）
The Skeleton and Funerary Objects of Tomb M1 of the
Sirtala Cemetery (From Northeast to Southwest)

银螺旋形饰
Spiral-shaped Silver Ornament

隋唐时期
长5.1、宽1.1~4.3、银圈直径2~2.1厘米
Sui and Tang Period
Length 5.1cm; Width 1.1–4.3cm; Diameter of the Silver Loop
2–2.1cm

1998年海拉尔区谢尔塔拉墓地M1出土
呼伦贝尔民族博物院藏

顶部呈梯形，顶缘内卷，形成一横向长孔，下端为三个细银条盘卷成螺旋形的银圈，中部并排两个，下部一个居中，每个银圈由四重同心圈组成。银条均呈细柱状，由外到内渐细，附有灰黑色锈斑。

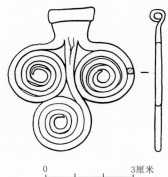

银螺旋形饰（M1：8）
Spiral-shaped Silver Ornament

银螺旋形饰（M1：9）
Spiral-shaped Silver Ornament

银螺旋形饰
Spiral-shaped Silver Ornament

隋唐时期
长5.1、宽0.8~3.8、银圈直径1.9~2厘米
Sui and Tang Period
Length 5.1cm; Width 0.8–3.8cm; Diameter of the Silver
Loop 1.9–2cm

1998年海拉尔区谢尔塔拉墓地M1出土
呼伦贝尔民族博物院藏

顶部呈上宽下窄的梯形，顶缘内卷，形成一横向长孔，身部系从顶部中分开的两道银条呈螺旋形卷起的两个银圈，每个银圈由四重同心圈组成。银条均呈细柱状，由外到内渐细，附有灰黑色锈斑。

铜鎏金耳坠
Glit Bronze Earrings

隋唐时期
长4.2~4.4、宽2.5~2.6、厚0.5~0.7厘米
Sui and Tang Period
Length 4.2–4.4cm; Width 2.5–2.6cm; Thickness 0.5–0.7cm

1998年海拉尔区谢尔塔拉墓地M10出土
呼伦贝尔民族博物院藏

　　二件。主体呈弯钩状，系由两片对称的铜片对合后焊接而成，中空。内侧呈凹弧状，外侧偏上凸出一圆球状小纽，下侧居中外伸一扁平体尖弧状小纽，内外侧边缘、两面正中、两小纽正中均依器体走向焊接有细银条，其上有短线纹。主体上侧外伸一细银条弯成的挂钩，圆柱体，前端扁尖。左侧一件挂钩上套有圆环，且较为粗大。

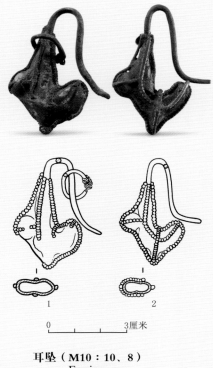

耳坠（M10：10、8）
Earrings

金耳坠
Gold Earring

隋唐时期
外径2~2.6、内径1~1.3、纽高0.6厘米；薄片坠短径1.2、长径2厘米；缺口宽0.3厘米
Sui and Tang Period
Exterior Diameter 2–2.6cm; Interior Diameter 1–1.3cm; Height of the Button 0.6cm; Small Diameter of the Thin Drop 1.2cm; Large Diameter of the Thin Drop 2cm; Width of the Gap 0.3cm

1998年海拉尔区谢尔塔拉墓地M1出土
呼伦贝尔民族博物院藏

　　整体呈椭圆形，一侧有缺口，上段略细，呈锥状；下段较粗。内外侧边缘较薄，外侧凸出三个圆尖状小纽，纽身上有两道弦纹。下侧偏中穿接一个叶形装饰，呈薄片状，上端圆弧，下端呈尖弧状，与本体垂直。

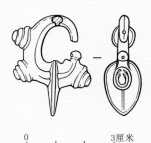

耳坠（M1：10）
Earring

玻璃珠饰
Glass Beads Ornaments

隋唐时期
外径0.5~1.1、孔径0.2~0.4、高0.7~0.9厘米
Sui and Tang Period
Exterior Diameter 0.5–1.1cm; Interior Diameter 0.2–0.4cm;
Height 0.7–0.9cm

1998年海拉尔区谢尔塔拉墓地M10出土
呼伦贝尔民族博物院藏

由96颗红褐色小玻璃珠及一颗黑色大玻璃珠串成。

玻璃珠饰
Glass Beads Ornaments

隋唐时期
外径0.5~1.1、孔径0.2~0.4、高0.7~0.9厘米
Sui and Tang Period
Exterior Diameter 0.5–1.1cm; Interior Diameter 0.2–0.4cm;
Height 0.7–0.9cm

1998年海拉尔区谢尔塔拉墓地M1出土
呼伦贝尔民族博物院藏

由10颗颜色近黑色的玻璃珠串成。

玛瑙珠饰
Agate Bead Ornament

隋唐时期
高0.9、孔径0.3厘米
Sui and Tang Period
Height 0.9cm; Hole Diameter 0.3cm

1998年海拉尔区谢尔塔拉墓地出土
哈克遗址博物馆藏

呈琥珀色。圆珠形，对钻有一圆孔。通体磨光。

石珠
Stone Bead

隋唐时期
高0.5、直径0.9、孔径0.3厘米
Sui and Tang Period
Height 0.5cm; Diameter 0.9cm; Hole Diameter 0.3cm

1998年海拉尔区谢尔塔拉墓地出土
哈克遗址博物馆藏

呈浅绿色。扁珠，中部对钻一圆孔。通体磨光。

石管
Stone Pipe

隋唐时期
外径0.7、内径0.4、高2.8厘米
Sui and Tang Period
Exterior Diameter 0.7cm;
Interior Diameter 0.4cm; Height 2.8cm

1998年海拉尔区谢尔塔拉墓地出土
哈克遗址博物馆藏

　　绿松石质。呈六角柱状，表面较光滑，素面，中间有一穿孔。

玉管
Jade Pipe

隋唐时期
外径0.6、内径0.4、高1.4厘米
Sui and Tang Period
Exterior Diameter 0.6cm;
Interior Diameter 0.4cm; Height 1.4cm

1998年海拉尔区谢尔塔拉墓地出土
哈克遗址博物馆藏

　　呈翠绿色。呈圆柱状，素面磨光，中间有一穿孔。

玛瑙珠饰
Agate Bead Ornament

隋唐时期
外径0.6、内径0.3、高1.7厘米
Sui and Tang Period
Exterior Diameter 0.6cm;
Interior Diameter 0.3cm; Height 1.7cm

1998年海拉尔区谢尔塔拉墓地出土
哈克遗址博物馆藏

　　呈深红色，玛瑙质地。呈圆柱体，表面磨光，素面，纵向有一穿孔。

玛瑙珠饰
Agate Bead Ornament

隋唐时期
外径0.6、内径0.3、高1.1厘米
Sui and Tang Period
Exterior Diameter 0.6cm;
Interior Diameter 0.3cm; Height 1.1cm

1998年海拉尔区谢尔塔拉墓地出土
哈克遗址博物馆藏

　　呈深红色，玛瑙质地。呈圆柱体，表面磨光，素面，纵向有一穿孔。

银镯
Silver Bracelet

隋唐时期
外径6.1、缺口宽0.9、厚0.3~0.4、高1厘米
Sui and Tang Period
Exterior Diameter 6.1cm; Width of the Gap 0.9cm;
Thickness 0.3–0.4cm; Height 1cm

1998年海拉尔区谢尔塔拉墓地M1出土
呼伦贝尔民族博物院藏

　　器体扁薄，为一银长条打制，表面磨光，有黑色锈斑。平面近反"C"形，一侧有一道窄缺口，外侧有一道与器身平行的浅槽，浅槽两端有"出"字形符号。

谢尔塔拉墓地M1墓主胸前马肩胛骨、铁刀及左腕部银镯（由西北往东南）
Horse's Scapula, Iron Knife and Silver Bracelet on the Occupant's Chest of
Tomb M1 of the Sirtala Cemetery (From Northwest to Southeast)

铜人面形饰
Human-face-shaped Bronze Ornament

隋唐时期
长3.8、宽2.7厘米
Sui and Tang Period
Length 3.8cm; Width 2.7cm

1998年海拉尔区谢尔塔拉墓地M1出土
哈克遗址博物馆藏

　　铜质。人面头顶正中为一鼓起的圆泡，其下为三个相连的圆泡，代表额头，两侧略弧，两个圆孔代表双眼，鼻梁略凹，下颌明显变窄，近半圆形，正中有一椭圆形长孔，代表嘴部。器物周身布铜锈。

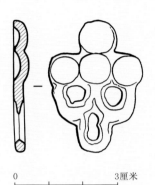

铜人面形饰（M1：7）
Human-face-shaped Bronze
Ornament

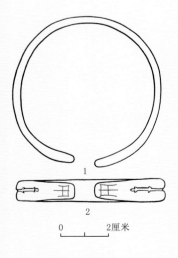

银镯（M1：6）
Silver Bracelet

衣服残片
Clothes Fragments

隋唐时期
残长45.6、宽32.8厘米
Sui and Tang Period
Length of the Remains 45.6cm; Width 32.8cm

1998年海拉尔区谢尔塔拉墓地出土
哈克遗址博物馆藏

　　分内外两层。外层呈黄色，纹路略粗，系不规则斜
向几何形提花，边缘内折。内层呈红褐色，纹路细密，
平织，当为衬里。系带用衬里面料双股拧成。

衣服残片
Clothes Fragments

隋唐时期
长28.8、宽18厘米
Sui and Tang Period
Length 28.8cm; Width 18cm

1998年海拉尔区谢尔塔拉墓地出土
呼伦贝尔民族博物院藏

　　用丝线缝制，每厘米约有两个针脚。分为内外
两层，局部有扦边，宽0.7厘米。外层纹格细密，
呈淡黄色；内层纹格略粗，呈红褐色。

衣服残片
Clothes Fragments

隋唐时期
残长27.4、宽19.4厘米
Sui and Tang Period
Length of the Remains 27.4cm; Width 19.4cm

1998年海拉尔区谢尔塔拉墓地M6出土
呼伦贝尔民族博物院藏

　　残。整体纹路较细密，平织，呈红褐、
黑色。

残布带
Cloth Strips Fragments

隋唐时期
残长20、宽1.8厘米
Sui and Tang Period
Length of the Remains 20cm; Width 1.8cm

1998年海拉尔区谢尔塔拉墓地M10出土
呼伦贝尔民族博物院藏

　　呈红褐色，整体纹路较细密，布带系有
绳结。

衣服残片
Clothes Fragments

隋唐时期
残长35.4、宽23.5厘米
Sui and Tang Period
Length of the Remains 35.4cm; Width 23.5cm

1998年海拉尔区谢尔塔拉墓地M10出土
呼伦贝尔民族博物院藏

残。呈红褐色，整体纹路较细密，平织。

衣服残片
Clothes Fragments

隋唐时期
残长18.9、宽13.1厘米
Sui and Tang Period
Length of the Remains 18.9cm; Width 13.1cm

1998年海拉尔区谢尔塔拉墓地M6出土
呼伦贝尔民族博物院藏

残。呈红褐色，整体纹路较细密，平织。

衣服残片
Clothes Fragments

隋唐时期
残长35.5、宽28.4厘米
Sui and Tang Period
Length of the Remains 35.5cm; Width 28.4cm

2002年海拉尔河南岸台地古墓出土
呼伦贝尔民族博物院藏

　　二片。麻织品。平织，边缘折起，已残破。
左片为红褐色，编织纹格较细；右片为土黄色，编
织纹格较粗。

辽代
Liao Dynasty

907～1125年

907-1125

源出鲜卑的契丹建立辽朝，推动呼伦贝尔地区进入一个新的历史发展时期。

The Liao Dynasty established by the Qidan nationality which originated from the Xianbei nationality, promoted Hulunbuir region entered into a new historical period of development.

陶罐
Pottery Jar

辽代
高41、口径16.7、腹径27.7、底径14厘米
Liao Dynasty
Height 41cm; Mouth Diameter 16.7cm; Belly Diameter 27.7cm; Bottom Diameter 14cm

2009年海拉尔区哈克遗址出土
哈克遗址博物馆藏

轮制，泥质灰陶。敞口，厚圆唇，鼓腹，平底。肩部饰两周戳印纹，间饰十周凹弦纹，腹部至底部饰短竖纹数周。腹部残。

陶罐
Pottery Jar

辽代
高46、口径14、腹径28、底径13厘米
Liao Dynasty
Height 46cm; Mouth Diameter 14cm; Belly Diameter 28cm;
Bottom Diameter 13cm

2009年海拉尔区哈克遗址出土
哈克遗址博物馆藏

　　轮制，泥质灰陶。圆唇，敞口，沿上起脊，束颈，鼓腹，平底。肩部有两道戳印纹。

陶瓮
Pottery Jar

辽代
高63.5、口径44.3、肩径48.4、腹径45、底径21厘米
Liao Dynasty
Height 63.5cm; Mouth Diameter 44.3cm; Neck Diameter
48.4cm; Belly Diameter 45cm; Bottom Diameter 21cm

2009年海拉尔区哈克遗址出土
哈克遗址博物馆藏

　　轮制，泥质灰陶。敞口，厚圆唇，溜肩，由腹到底斜收，平底。唇部有一道凹弦纹，沿下有一道短竖纹，肩部至底部共十道短竖纹规律分布。

陶瓮
Pottery Jar

辽代
高63、口径43、肩径50、腹径40、底径24厘米
Liao Dynasty
Height 63cm; Mouth Diameter 43cm; Neck Diameter 50cm; Belly Diameter 40cm;
Bottom Diameter 24cm

2009年海拉尔区哈克遗址出土
哈克遗址博物馆藏

　　轮制，泥质灰陶。敞口，厚圆唇，溜肩，由腹到底斜收，平底。唇部有一道凹弦纹，肩部有两道戳印纹，腹部至底部共六道短竖纹规律分布。腹部残。

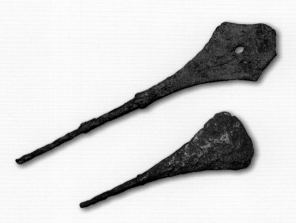

铁镞
Iron Arrowheads

辽代
镞身：长6.4~8.2、宽3.4~3.9厘米
镞铤：长3.4~7.3厘米
Liao Dynasty
Full Length 6.4–8.2cm; Full Width 3.4–3.9cm;
Length of the Ding (the part plugging the arrowhead to into the arrow body) 3.4–7.3cm

海拉尔区文物管理所征集
哈克遗址博物馆藏

　　二件。铁制，表面粗糙有锈蚀。由镞身和镞铤两部分组成，器身扁平自一端向另一端逐渐细长，上件镞身呈不规则的菱形，下件呈倒三角形。镞铤呈方锥状。

铁镞
Iron Arrowhead

辽代
通长8.9、宽2.5厘米
Liao Dynasty
Full Height 8.9cm; Width 2.5cm

东海车站89314部队九连路西采集
呼伦贝尔民族博物院藏

　　表面锈蚀。镞身呈倒三角形，两侧向外斜直，两面扁平，锋部平刃，镞身与铤连接处较厚，铤部细长，尾端渐细。

铁镞
Iron Arrowhead

辽金元时期
通长10.8、镞身长6.6、镞身宽1.5、铤长4.2厘米
Liao, Jin and Yuan Period
Full Length 10.8cm; Length of the Body 6.6cm; Width of the
Body 1.5cm; Length of the Ding (the part plugging the arrowhead
to into the arrow body) 4.2cm

海拉尔区西山雷达站东3公里采集
呼伦贝尔民族博物院藏

　　铁铸。表面锈蚀，翼部残损严重。镞身较长，有三
翼，镞身与镞铤连接处有凸起，铤部细长，呈锥状。

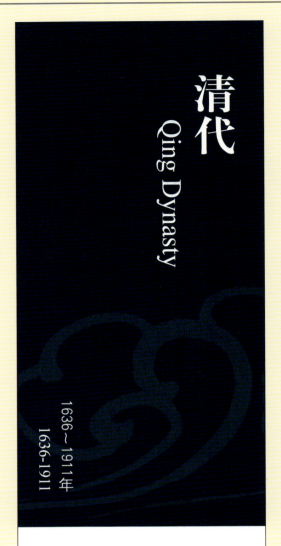

清代
Qing Dynasty

1636～1911年
1636-1911

清朝加强对呼伦贝尔地区的体制建设，极大地推动了该地区的发展。

The Qing Dynasty strengthened the system construction in Hulunbuir, which greatly promoted the development of the region.

清朝时期 呼伦贝尔和布特哈地区构成现在呼伦贝尔市的雏形。为加强防务，雍正十年（1732年）清政府勘定于济拉嘛泰河口（今扎罗木得镇）筑城，并调索伦、达斡尔、巴尔虎、鄂伦春等3000兵丁驻牧呼伦贝尔。他们被编为两翼，每翼四旗、二十五佐。雍正十二年，因济拉嘛泰河口霜降太早，改勘地址，定于海拉尔筑城。此后17处台站的设置，使得呼伦贝尔与内地、中央保持经常的联系。

乾隆七年（1742年），呼伦贝尔总管改为"副都统衔总管"，由理藩院划归黑龙江将军管辖。呼伦贝尔副都统总管辖区为今呼伦贝尔市大兴安岭西部地区。

海拉尔大街古城南门东侧复制的呼伦贝尔副都统衙门（2008年）
Newly-built Hulunbuir Vice-general Office on the Eastern Side of the
South Gate of the Ancient City in Hailar Street (2008)

1920年呼伦贝尔副都统贵福（中坐者）与全体官吏在衙署正门前合影
Group Photo of *Guifu* (Hulunbuir Vice-general, seated in the middle) with
Other Officers in Front of the Main Entrance of the Office in 1920

呼伦贝尔城建在伊敏河西岸，现海拉尔正阳街一带。《呼伦贝尔志略》记载：周四里，南北街二，东西街一，就商户门房为垣，通南北二门，起砖楼于其上。

左上：正阳街街景
Upper Left: Zhengyang Street

右上：正阳街复原图
Upper Right: Reconstructed Drawing of Zhengyang Street

左下：正阳街北门牌楼
Lower Left: North Memorial Arch of Zhengyang Street

右下：正阳街南门
Lower Right: South Gateway of Zhengyang Street

附 录 APPENDICES

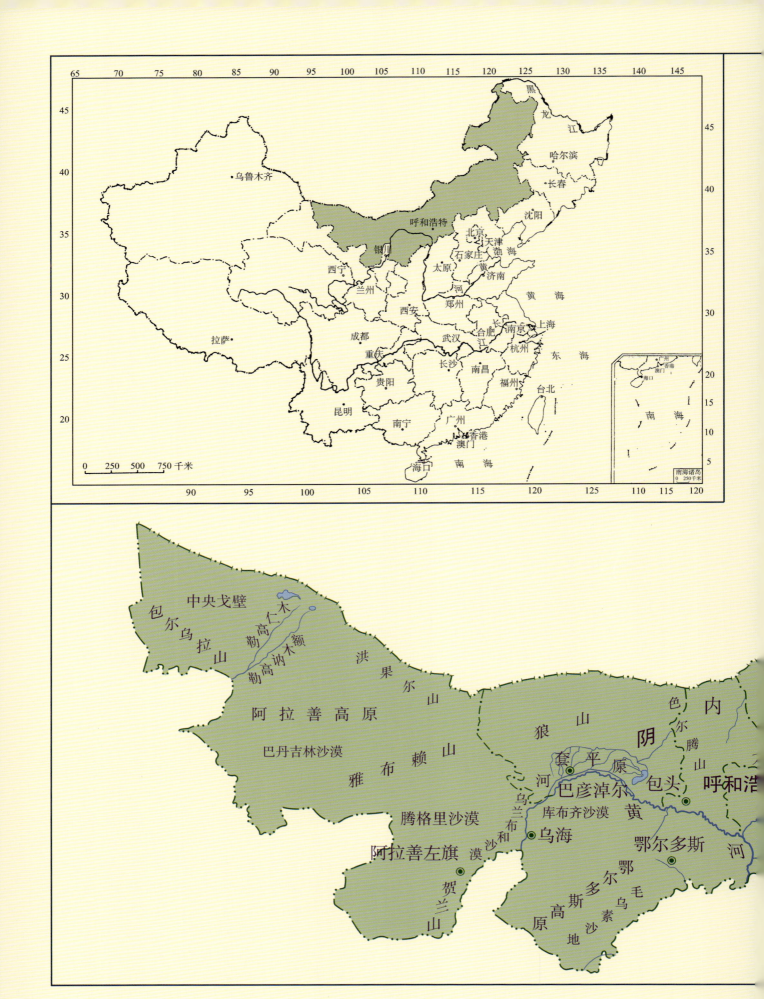

65　70　75　80　85　90　95　100　105　110　115　120　125　130　135　140　145

45

40　乌鲁木齐

35　呼和浩特
　　银川
西宁

30　兰州
　　　西安
拉萨

25　成都　武汉
重庆

20　贵阳　长沙
南昌

昆明　福州
南宁　台北
广州
香港
澳门
海口　南海

0　250　500　750千米

90　95　100　105　110　115　120

黑
龙
江
哈尔滨
长春
沈阳

北京　天津　渤海
石家庄　黄
济南
河
郑州
黄　海

长
江　南京　上海
合肥　杭州
东
海

广州
香港
澳门
海口

南海

南海诸岛
0　250千米
110　115　120

中央戈壁
包尔乌拉山　仁木　高勒
勒高讷木额
洪

阿拉善高原　果尔山
狼　山　色尔　内
巴丹吉林沙漠　　　　　　　套河　平原　腾山　阴
雅布赖山　　　　　　巴彦淖尔　黄　呼和浩
腾格里沙漠　乌兰布　库布齐沙漠　包头
阿拉善左旗　沙和　乌海　鄂尔多斯　河
贺　漠　　　　　鄂尔
兰　　　　　　多斯高原　毛
山　　　　　　斯　乌
原高　地沙素

额尔古纳河

大

加格达奇 ⊙

呼伦贝尔

诺敏河

甘河

嫩江

海拉尔

海拉尔区

尔

呼伦湖

呼伦贝尔高原

兴

绰尔河

安

原

高

乌兰浩特 ⊙

古

锡林浩特 ⊙

岭

通辽 ⊙

浑善达克沙地

西拉木伦河

科尔沁沙地

兰察布高原

赤峰 ⊙

聚布

内蒙古自治区海拉尔区位置示意图
LOCATION OF HAILAR DISTRICT IN INNER MONGOLIA AUTONOMOUS REGION

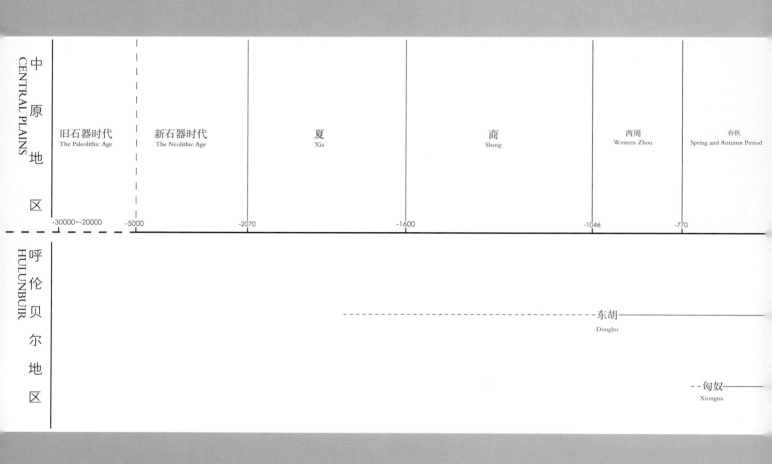

中原地区
CENTRAL PLAINS

旧石器时代
The Paleolithic Age

新石器时代
The Neolithic Age

夏
Xia

商
Shang

西周
Western Zhou

春秋
Spring and Autumn Period

-30000~-20000   -5000   -2070   -1600   -1046   -770

呼伦贝尔地区
HULUNBUIR

东胡
Donghu

匈奴
Xiongnu

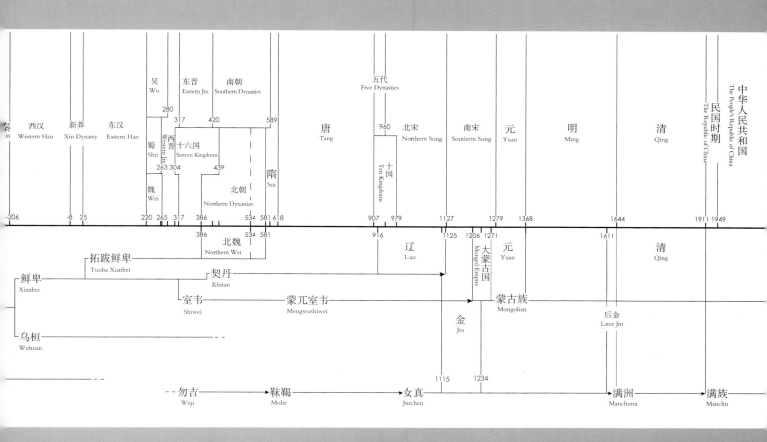

秦
In

西汉
Western Han

新莽
Xin Dynasty

东汉
Eastern Han

吴
Wu

280

317　420　　589

东晋
Eastern Jin

南朝
Southern Dynasties

五代
Five Dynasties

唐
Tang

960

北宋
Northern Song

南宋
Southern Song

元
Yuan

明
Ming

清
Qing

中华人民共和国
The People's Republic of China

民国时期
The Republic of China

蜀
Shu

西晋
Western Jin

十六国
Sixteen Kingdoms

十国
Ten Kingdoms

263　304

魏
Wei

439

北朝
Northern Dynasties

隋
Sui

-206　　-8　25　　　　220　265　317　386　　534　581 618　　　　907　979　　　1127　　1279　1368　　　　1644　　　　1911 1949

386　　　　534　581

北魏
Northern Wei

辽
Liao

916

1125

大蒙古国
Mongol Empire

1206 1271

元
Yuan

拓跋鲜卑
Tuoba Xianbei

契丹
Khitan

鲜卑
Xianbei

室韦
Shiwei

蒙兀室韦
Mengwushiwei

蒙古族
Mongolian

清
Qing

金
Jin

后金
Later Jin

1611

乌桓
Wuhuan

1115　　1234

勿吉
Wuji

靺鞨
Mohe

女真
Jurchen

满洲
Manchuria

满族
Manchu

中国历史年代简表
BRIEF CHRONOLOGY OF CHINESE HISTORY

后记 POSTSCRIPT

2012年8月，经中央常委批示，"蒙古族源与元朝帝陵综合研究"作为国家社会科学基金重大委托项目正式立项，为期10年。中国社会科学院科研局作为项目责任单位，中国社会科学院考古研究所、内蒙古自治区文物局、内蒙古呼伦贝尔市人民政府作为项目实施单位。项目实行首席专家负责制，中国考古学会理事长、中国社会科学院学部委员、历史学部主任、考古研究所原所长王巍研究员，内蒙古蒙古族源博物馆原馆长、呼伦贝尔民族历史文化研究院院长孟松林先生共同担任项目首席专家。根据项目总体要求，在实施过程中坚持以考古学为主导，将呼伦贝尔地区作为工作的重点区域，通过开展系统的田野考古调查和发掘工作，获取与蒙古族源相关的第一手的考古实证资料，由此深入开展多学科综合研究，力争取得具有国际影响力的蒙古族源研究新成果，为维护国家统一、民族团结与文化安全服务。

2013年4月13日，项目首席专家办公会在京召开，决定编辑、出版《呼伦贝尔民族文物考古大系》，拟出版10卷。通过系统整理、研究呼伦贝尔市各旗、县、区馆藏文物，包括史前时期文物、历史时期文物、近现代及当代民族文物，选择具有时代特征和民族风格的各类文物标本进行拍摄，撰写文字说明，依时代早晚顺序编排文物图片。就馆藏文物的选编而言，尤其注重表现以下三个方面：一是文物整体与局部的关系；二是同类文物的共性与差异及所反映出的时代演进特征；三是不同类别文物的组合关系，还应包括工艺技术水平、使用功能、地域特征、与中原及周邻地区文化交流关系等。同时，根据全国第三次文物普查资料，选择典型遗址进行外景拍摄，按时代顺序进行编排，充分展示呼伦贝尔地区古代遗存的保存状况及分布规律。本书在深入研究的基础上对编排体例进行了创新，极大提高了本书的研究利用价值。作为全国首部地市级的民族文物考古大系，对于全方位展示呼伦贝尔地区森林、草原民族独具特色的历史文化遗珍、印证呼伦贝尔作为"游牧民族的历史摇篮"和"中国历史上的一个幽静的后院"的历史地位具有独特的价值。本书的编辑、出版，对蒙古族源的深入探索将发挥重要的奠基作用。书中的序言和概述部分、遗址和文物的名称均为中、英文对照，将扩大本书在国际学术界的影响力。

《呼伦贝尔民族文物考古大系》的策划、编写和出版工作是在王巍先生和孟松林先生两位首席专家的直接领导下完成的。文物出版社张自成社长、张广然总编对于本书的出版工作高度重视、全力支持，选派社内骨干团队承担本书的文物摄影及编辑出版任务。项目北京办公室主任、中国社会科学院考古研究所科研处处长刘国祥研究员，北京大学考古文博学院副院长沈睿文教授，文物出版社艺术图书中心李飏副主任与工作组的同仁们先后在北京组织召开数次会议，认真总结以往工作经验，在前四卷出版工作的基础上，进一步完善工作程序和编写体例。本书初稿完成后，组织专家研讨，严格把关，逐页审校。项目呼伦贝尔办公室主任、呼伦贝尔民族博物院院长白劲松研究馆员负责总体协调工作组在呼伦贝尔期间的日程安排，确保文物和遗址拍摄工作如期安全完成。项目专家组成员、北京大学考古文博学院副院长沈睿文教授，文物出版社资料摄影信息中心原主任刘小放带领中国社会科学院研究生院、北京大学考古文博学院、辽宁师范大学历史文化旅游学院和赤峰学院的在读本科、硕士和博士研究生，中国社会科学院考古研究所内蒙古第一工作队技师，呼伦贝尔民族博物院及海拉尔区文物管理所的专业人员配合完成文物、遗址拍摄及撰写文字说明的工作任务。馆藏文物拍摄工作由文物出版社刘小放先生完成，遗址外景拍摄工作由资深文物摄影师庞雷和首都博物馆馆员张靓完成。海拉尔区位置图绘制工作由中国社会科学院考古研究所编辑室刘方副研究馆员完成，古遗址分布图绘制工作由北京大学博士研究生周杨完成。中国社会科学院考古研究所文化遗产保护研究中心王莘女士绘制了部分器物彩色复原图。年表绘制由北京大学考古文博学院博士研究生易诗雯完成，由辽宁师范大学历史文化旅游学院田广林教授校正。英文翻译由故宫博物院助理馆员王东、中国社会科学院考古研究所助理馆员王珏共同完成，中国社会科学院考古研究所博士后栗媛秋和助理馆员王珏校正。中国社会科学院考古研究所孙冰担任项目财务助理。全书稿件由中国社会科学院考古研究所刘国祥研究员、北京大学考古文博学院沈睿文教授共同负责审定。

在此向所有关心、支持本书编写、出版工作的领导、专家学者表示感谢！向长期坚持在呼伦贝尔考古文博一线的旗县博物馆同仁表示敬意！向工作组同仁付出的所有辛劳表示诚挚的谢意！由于时间紧、任务重、工作难度大，书中疏漏及不当之处敬请学界同仁批评指正！

在今后的工作中，我们将始终牢记并认真贯彻落实全国政协原副主席、中国社会科学院原院长、项目总顾问陈奎元同志提出的"精诚合作，不争利益"的原则，在项目首席专家王巍先生和孟松林先生的领导下，总结经验，开拓创新，强化学术精品意识，将《呼伦贝尔民族文物考古大系》的工作有序推进，逐一落实。

作为国家社会科学基金重大委托项目，"蒙古族源与元朝帝陵综合研究"项目的开展得到了中共中央宣传部、中国社会科学院、国家文物局、全国哲学社会科学规划管理办公室、中共内蒙古自治区党委、内蒙古自治区人民政府、中共呼伦贝尔市委、呼伦贝尔市人民政府等相关单位领导的高度重视和大力支持，在此一并致谢！

《呼伦贝尔民族文物考古大系·海拉尔区卷》，收录了海拉尔地区从史前到清代的具有代表性的珍贵文物资料，并首次刊发了谢尔塔拉墓地的最新考古发掘成果。本书的出版，对于研究中国东北边疆地区考古与历史文化具有重要价值，对于探寻蒙古族源具有重要意义。

编者

2018年11月13日

摄　　影：刘小放　庞　雷

责任印制：张　丽

责任校对：李　薇

责任编辑：谷　雨　李　飏

图书在版编目（ＣＩＰ）数据

呼伦贝尔民族文物考古大系．海拉尔区卷 ／ 中国社
会科学院考古研究所等主编．—— 北京 ：文物出版社，
2018.12

　　ISBN 978-7-5010-5660-6

　　Ⅰ．①呼… Ⅱ．①中… Ⅲ．①蒙古族－文物－考古－
海拉尔区－图集 Ⅳ．①K872.263.2

中国版本图书馆CIP数据核字(2018)第189186号

呼伦贝尔民族文物考古大系·海拉尔区卷

主　　编　中国社会科学院考古研究所
　　　　　中国社会科学院蒙古族源研究中心
　　　　　内蒙古自治区文物局
　　　　　内蒙古蒙古族源博物馆
　　　　　北京大学考古文博学院
　　　　　呼伦贝尔民族博物院
出版发行　文物出版社
　　社址　北京市东直门内北小街2号楼
　　网址　www.wenwu.com
　　邮箱　web@wenwu.com
制版印刷　天津图文方嘉印刷有限公司
经　　销　新华书店
开　　本　889×1194　1/16
印　　张　16.5
版　　次　2018年12月第1版
印　　次　2018年12月第1次印刷
书　　号　ISBN 978-7-5010-5660-6
定　　价　380.00元